学級担任のための残業ゼロの仕事のルール

庄子寛之 著

明治図書

まえがき

「先生方は、なんでそんなに遅くまで仕事をするのですか?」

と、教師ではない方に、聞かれることがあります。

答えは簡単です。仕事が、たくさんあるからです。

「じゃあ、なんで先生はそんなに早く帰れるんですか?」

と、聞かれます。私はこう答えます。


「仕事を仕事だと思っていないからですかね」

仕事は山のようにあるのです。どれも同じエネルギーでやっていたら、終わるものも終わりません。遅くまで残っている人が、決して怠慢なわけではないのです。むしろ丁寧だからこそ、遅くまで残るのです。

遅くまで残るA先生の1日です。

6時　起床。着替え、はみがき、ごはん。
7時　家を出る。
8時　学校到着。
8時15分　子どもたちが登校。1時間目から6時間目まで授業。
15時30分　休む間もなく会議。
16時　休む間もなく学年会。
17時　ようやく自分の仕事ができると思うが、やる気が出ずにお茶。
17時30分　休んでいた子に電話。
18時　保護者からの電話。（相談事項やクレームだと30分は超える）。
18時30分　相手側に電話。
19時　トラブルについて明日話す内容を考える。
19時30分　明日の授業の準備をしに理科室へ。
20時　ほかの先生から話しかけられ、校務分掌の給食費について終わっていなかったことを思い出す。
21時　警備の都合で学校が施錠されるので「帰らなくては…」と思い、帰る準備。準備の終わっていない国語と算数の教科書を持って帰る。
22時　帰宅。（実家なので、ご飯があるだけありがたい）。
23時　教科書を読もうと思うが、ついているテレビをなんとなく見る。
24時　ソファーで寝ていることに気づき、急いでお風呂に入る。
25時　国語と算数の教材準備をしなくてはと思いながらも、このままでは睡眠時間が足りないと思い、寝る。

隣の若手の先生に見せたら、私の方がもっとひどいと言っています（笑）。こんな大変な職場なのに、早く帰るのは難しいですよね。

教師が忙しくては、よい授業はできません。この先生の翌日の授業はきっと、よい授業とはいいがたいものであったと思います。

睡眠も少ないので、イライラして子どもたちを叱ったこともあるかもしれません。その叱り方に、反発した子どももいたかもしれません。

遅く残る先生が怠慢なのではないのです。
むしろ勤勉だからこそ遅くまで残るのです。

しかし。

世の中は過程を評価せず、結果を評価します。

遅くまで残ったことが評価されるのではなく、よい授業、よい学級をつくった教師が、評価されるのです。だからこそ、効率のよさが必要不可欠です。

また、人間として筋の通った魅力ある人たちは、往々にして仕事以外の勉強をしています。学校で働いているだけの教育では、これからの変化の激しい時代を生き抜く教育はできないと思います。

教育は変わらなくてはならない。

それは、子どもを取り巻く社会が劇的に変わっているからです。
知識の詰め込みなら、ＡＩに勝つことはできません。

知識を伝達する教育から、真の学びを受けられる教育に、変更していかなければなりません。そのために、教師が教育の未来を見て、研鑽を積む時間の確保が必要です。そして、この日本という国を継続・発展させていくためにも、**今、教育が変わること。**そしてその教育を支える教師の考え方を劇的に変える必要があると考えています。

そのために、**教師が教師の仕事に追われない世界をつくっていかなくてはならない。**

この本には、気持ちを変えるだけで早く帰れる方法や、具体的な時短術を詰め込みました。ほとんどが自分で生み出したものではなく、たくさんの人や本、同じ職場の先生方から習った方法ばかりです。

特に今学ばせてもらっているアドラー心理学やカウンセリング、コーチングをたくさん応用しています。

できたら初めから読んでいただきたいですが、どこから読んでいただいてもかまいません。日本の先生たちが職場にいなければいけない時間が少なくなり、自分のやりたいことをやれる時間が増えることを願っています。

Contents

まえがき

1章 時間を生み出す「考え方」を変えるルール

ルール1 何時に帰ると決める……14
ルール2 成功体験→達成感→習慣のサイクルをつくる……16
ルール3 スケジュール管理はゲームだと考える……18
ルール4 明日やれることは明日やる……20
ルール5 金曜日は来週のことを考える……22
ルール6 1日は24時間しかないことの限界を知る……24
ルール7 でも1日は24時間もある可能性を信じる……26

ルール8 できたときのご褒美を考える……28
ルール9 「自分」というロボットを動かす感覚をもつ……30
ルール10 かけた時間は、本当に子どものためになっているか考える……32
ルール11 仕事は布団でもできることを意識する……34
ルール12 「仕事」という概念を変える……36
ルール13 未来のために今を犠牲にしない……38
ルール14 仕事をすることに酔わない……40
ルール15 「意志の力」を調整する……42
ルール16 満たされないことは力になると考える……46
ルール17 「感情」から「結果」を生み出す……50
ルール18 やめるタイミングを意識する……52
ルール19 職員室で戦わない、腹を立てない……56
ルール20 身近な人への感謝を忘れない……60

2章 時間を生み出す「行動」を変えるルール

ルール21 【授業】丸つけは、授業時間内に教室で行う……64
ルール22 【授業】子どもが自分で学べる環境をつくる……68
ルール23 【授業】ノートは毎日チェックする……72
ルール24 【授業】コメントする提出物を決める……74
ルール25 【授業】子どもたちに任せてほめる……78
ルール26 【授業準備】明日の授業準備は短く、単元ごとにまとめて行う……82
ルール27 【授業準備】終わるか否かではなく、時間で区切る……86
ルール28 【保護者対応】「保護者はすごい」という大前提を忘れない……90
ルール29 【保護者対応】保護者に子どもの良いところを常に伝える……94
ルール30 【保護者対応】電話・連絡帳で保護者によいことを伝える……98
ルール31 【保護者対応】課題を伝えた後は、すかさずよいところを3倍で伝える……102

ルール32 【保護者対応】宿題をパターン化する……106
ルール33 【会議】会議の中身の時間を指定する……112
ルール34 【会議】次年度計画は変わるものであることを自覚する……116
ルール35 【評価・所見】毎日評価する……120
ルール36 【行事】昨年度の計画に文句を言わない……124
ルール37 【日常生活】早起きの習慣をつける……128
ルール38 【日常生活】必ず予備の時間をつくる……132
ルール39 【日常生活】逃げられない環境をつくる……136
ルール40 【日常生活】「計画」「結果」「ふり返り」のサイクルを回す……140
ルール41 【日常生活】10分集中法を活用する……144

3章 時間を生み出す「逆転発想」のルール

ルール42 職員のためにやれることを探す……150
ルール43 一日一善を記録する……154
ルール44 まずは寝る……158
ルール45 何もしないことを楽しむ……162
ルール46 趣味がある人になる……166
ルール47 家族との時間をつくる……170
ルール48 学級通信で信頼を獲得する……174
ルール49 教育書を読む……180
ルール50 効率化することが本当にいいのか疑う……184

あとがき

1章

時間を生み出す「考え方」を変えるルール

ルール1 何時に帰ると決める

みなさんは、毎朝何時に起きるって、決めていますか？

だいたいの人が、起きる時間は決まっているのではないでしょうか？

しかし、起きる時間は決まっているのに、寝る時間はずるずると遅くなる。

人間は、そういうものです。

朝は、仕事に行く時間があるので、起きる時間は決まっています。ということは、同じように帰る時間を決めてしまうことはとても大切なことです。


帰る時間を17時と決める。

授業が終わるのは、15時過ぎ。17時まで、あと1時間45分。会議で45分経つから、残り1時間。その間でできることは、何か。打ち合わせすべきことは、何か。それは、達成できそうな目標なのか。それらを考えて、**「何時に帰る」**と決めましょう。

初めは、なかなかできないことだと思います。そういう人は、**「いつも20時に帰っているが、19時に帰る」**など、自分のできそうな時間を決めましょう。

目標を達成するために、様々な人から教えてもらったことを、紹介します。


一つ目は、紙に書いて目に見えるところに貼ること。

二つ目は、何回か連続で達成できたときにプチご褒美をあげること（28ページ参照）。

三つ目は、いろいろな人にその目標を立てたことを伝えること。


何時に帰ると決めると、人間は逆算して物事を考えるようになります。

「残り1分！」と声をかけると、急にやりだす子っていますよね？

私も毎日、あと何年後死ぬから、今年できることは何だろう？　今週できることは何だろう？　今日できることは何だろう？　と思いながら生きています（極端ですね）。

人間は、良くも悪くも習慣通りに活動します。毎日遅くまで残るのも、悪いほうの習慣です。**「何時に帰る」**と決めて、時間を有効に使う習慣をつけたいものです。

ルール 2 成功体験→達成感→習慣のサイクルをつくる

何時に帰ると決めたみなさま。

「今日は、本を読んで、17時に帰ることが大切だと学んだから、17時に帰るぞ！」

「先生、これ来週やるんだけど、大丈夫？」

「はい、明日までに準備します。（やばい。終わってなかった。どうしよう）」

帰ると決めたって、帰れないよというみなさん。その通りですよね。

それでも三日坊主にならず、続けることが大切です。三日くらいが一番つらい時期。そんなつらい経験をしたのに変わらないなんて、そんなもったいないことはありません。

時間を有効に使うためには**「よい習慣の積み重ね」**が大切です。

「あのね、よい習慣をつけたいんだけど、つかないから困っているんですよ！」

と、怒り気味のみなさま。そうですよね。焦らず読み進めていってくださいね（笑）。

良い習慣をつけるためには、**小さな成功体験の積み重ね**が大事です。

小さなことをどんどんメモして、**「自分はできる！」**と自分の頭に刷り込ませていきます。

そして、成功体験は自分のためではなく、**人のために行うこと**の方がより素晴らしい達成感につながります。

「今日は、誰よりも多く職員室の電話に出た」
「今日は、課題のあるAちゃんのよいところを10個言えた！」
「今日は、皿洗いから洗濯まで全部したぞ！」

成功体験→達成感→習慣

このサイクルの積み重ねが、最大の時短術です。つまり、**時短は能力によるものではなく、習慣によるもの**なのです。

よい習慣を、積み重ねましょう。そのために、自分をもっともっと好きになりましょう。好きになるために、**まず自分の身近な人のために行動しましょう。**一見、時短じゃないことが、何よりもの時短なのです。

ルール3 スケジュール管理はゲームだと考える

みなさんは、ロールプレイングゲームをしたことはありますか？

私は、あります。私が小学生の時やっていたのが、「ドラゴンクエスト」シリーズでした。勇者である主人公が、モンスターを倒しながらストーリーを進めていくゲームです。

私は、ゲームが好きでした。なぜ好きだったかというと、受動的だったテレビに対して、ゲームは主体的に取り組むことができたからだと思います。

私は、この好きなゲームを、勉強に置き換えて取り組んでいました。

特に受験勉強は、ゲームと同じだと思って、取り組みました。毎日勉強して、レベルをあげて、模試をボスだと思って取り組み、達成感を感じる。

スケジュール管理も、同じようにゲームだと考えて行うと楽しんで行うことができます。

15時から17時までの間で、これだけはやる。

帰ってからは、これだけはやる。
寝る時間はこの時間で、この時間に起きる。
朝はこれだけやって、8時15分に子どもたちと笑顔であいさつする。

日々の一つ一つの行動が、ゲームだと思って行動すると、「あ、できた」「できなかった。くそー」と思いながら、生きていけます。

自分の体の中に、**「ゲーム＝楽しいもの」**というものが刷り込まれているので、「スケジュール管理＝ゲーム＝楽しい」となっていて、「スケジュール管理そのものが楽しい」というサイクルに入っています。

スケジュール管理のおすすめは、**とにかく時間にゆとりをもって達成できるスケジュールにすること。**大事なことは、前項に書きましたが、成功体験からの達成感です。

何事も、思い込みが大切。今できているかどうかが、大事なのではないのです。人生は約100年のゲームです。成功を楽しみ、失敗を経験として、自分のレベルが上がったと楽しむ。そう考えると、人生は楽しいことだらけになると、私は思っています。

ルール4 明日やれることは明日やる

残業ゼロを目指すために、最も大事な考え方が「**明日やれることは明日やる**」ということです。

「仕事が終わらなくて、いつも21時になるんです」という方は、逆に考えると、毎日21時に帰ることができているのはなぜでしょうか？

21時より遅くなってはいけないと、無意識的に思っているからです。

仕事が終わっていないなら、21時より遅くなってもいいはずです。この無意識に行っていることを意識的に行えば、あなたも明日から残業ゼロで帰れます。

さあ、イメージしてみましょう。

今は15時です。今日中にやらなくてはいけないことはなんですか？

明日の授業に使うものの準備と、明日の授業後の会議の資料だけ。

そう。意外とないのです！

いやいや、学校公開の授業予定の締切が明後日でしょ。来週は研究授業でしょ。時数計算に、マラソンタイムの起案、わくわくパーティーがあるし、来週の学級通信だって……。

確かに、いろいろありますよね。

でもそれらは、本当に17時までにやらなくてはならないことですか？

計画的に割り振っておけば、その日に急にやる必要はないのです。

「でも、今日言われて、明後日までって言われたものはどうするんですか！」なんて怒りに満ちたコメントが聞こえてきそうです。それも、今日やらなくてよいです。だって明後日ですから。

ただし、明日の17時までのスケジュールの中に、入れなくてはならないし、帰りの電車や帰ってテレビ見ながらでも、どんなことを書くのかイメージは必要かもしれませんね。

急に言われたからと言って、自分のスケジュールを崩してまでやることほど、効率悪いことはありません。場所や時間を変えて、気分を変えるだけで、仕事にかかる時間は半分になります。

今日やることだけ今日やる。それ以外はすべて明日に回す。

その選択を正しくすることが、定時に帰る最も重要なことです。

ルール5 金曜日は来週のことを考える

「花金」という言葉があります。個人的には、金曜日が終わると「やったー！」という気はあまりしません。金曜日は、すでに月曜日の計画を立てていて、来週のモードになっているからです。私は、一週間を金曜日からスタートします。

そこで提案です。「花木」にしてみませんか？

「花木」にすると、木曜飲んでも、あと1日だと思って頑張れる。疲れても土日に休める。金曜の夜、休むことで土曜日のプライベートがアクティブになる。（個人的には、ラクロスをやっているので、土曜日も5時起きは変わらないんですけどね。）

月曜日に落ち着きをなくす子どもが多いです。土日遊び過ぎて疲れていたり、土日で生活リズムが乱れていたりする影響があると考えられます。

大人も同じです。土日に遊んで、日曜日の夜、仕事のことを考えるからつらくなりますよね。サザエさん症候群なんて言葉もあるくらいです。これは、日曜日の夜に急いで月曜日からの計画を立てるからです。

休みの日に、無理に仕事のことを考えなくてはならないのは、確かに苦痛ですよね。

木曜日に休む。金曜日に来週のことをざっと考える。

土日は遊んで、元気な状態で月曜日を迎える。

先生が元気なら、子どもたちも元気になります。先生の笑顔から子どもが元気になって、子どもの元気から、先生が笑顔になる。そんなプラスのサイクルが、日本中の学校に広がったら幸せだと思っています。

ルール6 1日は24時間しかないことの限界を知る

「人は1日でできることを過大評価し、1年でできることを過小評価する」

アンソニー・ロビンズ

この気持ちがあるだけで、精神的なストレスはかなりなくなります。

基本、人間はやる気に満ちているときに、やるべきことをたくさんつくりがちです。やる気に満ちている数日、数週間はできますが、そこには「意志の力」を使うことになり、その「意志の力」を使い終わると、一切やらなくなってしまいます。

これでは、習慣にならず、また毎日残ることに逆もどり。仕事をコントロールするのではなく、仕事にコントロールされる生活が始まってしまいます。

じゃあ、どうしましょう。**「1日は24時間しかない」という「あきらめ」の気持ちをもつことが大事です。**

1日は、24時間しかない。自分が今仕事をしている中、やらなければならないと思っていた仕事が終わらなくて、夜遅くなっている。それならば、1日にやらなければならない仕事の量を減らして、あきらめるくせをつけましょう。

あきらめると、仕事がどんどんたまる気がしますが、そんなことはありません。決めた仕事を達成する習慣をつけると、1日にできる仕事量が増えていきます。自分への自己肯定感も上がり、自分が仕事をしていることが楽しくなります。

仕事が楽しくなると、笑顔が増えます。
笑顔が増えると、クラスが落ち着いてきます。
クラスが落ち着いてくると、放課後、仕事ができる時間が増えます。
放課後、仕事ができる時間が増えると、1日にできる仕事量が増えます。
よい循環が回ります。1日は24時間しかないとあきらめるところから始めましょう。

ルール7 でも1日は24時間もある可能性を信じる

前ページに、「1日は24時間しかないとあきらめなさい」と書きました。でも、24時間ってけっこう長いですよね？

実は、24時間もあるのです。24時間ずーっと仕事をしている人はいないはずです。たとえ始発から終電まで仕事をしていると言っても、ずっと集中して仕事ができる人はいないはずです。

やる気になっている時のレポート一枚は、30分もあればできます。しかし、やる気にならなくて、何を書いたらいいかわからない時は、何時間もかかります。

1日は24時間もある。

睡眠に6時間。ご飯やお風呂、トイレに2時間。まだ16時間もあります。

余暇を6時間とっても残り10時間もあります。

私は何かの書類を書くとか、やりたくない会議、保護者クレーム以外はあまり仕事だと思っていないので、毎日が時間であふれています。

時間がないと感じるのか、時間であふれていると感じるかは自分次第。

そして、時間がたくさんあると思っている人ほど、幸せを感じることが強く、いろいろなことをやっているイメージがあります。

1日は、24時間もあるのです。まずは、1日は24時間もあると思い込みましょう。1日数時間、遊ぶ予定を立てましょう。遊ぶ予定を立てると、当然仕事をする時間は少なくなります。そうすると、頭はその**短い時間で、効率よく仕事を行おうと考え始める**はずです。

そんな変化を、自分自身で楽しんでいきたいものですね。

ルール8 できたときのご褒美を考える

1日の目標を達成して、「今日もよかったな」と思いながら生きていくことの積み重ねが、残業ゼロを生み出しますし、その結果、よいクラス運営につながっていきます。

でも、そんなにうまくはいきません。自分みたいな中堅教師は、今まさに働き盛り！　急に仕事をいただくこともあれば、息子の急な発熱で帰らなくてはならないこともあります。学級だって、いわゆる課題のあるお子さんを引き受けることが多くなります。毎日、今日もよかったなとは思えません。

そんな時には、**できたときのご褒美を考えること**です。

私はやりたくない仕事に自分が向き合い、頑張ったあとはコンビニのシュークリームと決めています。（なぜかはわからないのですが、シュークリーム＝達成感という流れができています）。

別に食べ物でなくてもよいのです。早く帰るとか、彼女とデートするとか、その日は早く寝るとか、なんでもよいのです。

できる→ご褒美→やる気

この流れは、子ども相手には、必ずしもよいものではありません。ご褒美をもらわないと動かない子になってしまってはいけないからです。

しかし、自分自身だったらどうでしょう？　ご褒美を出せるかどうかは自分なのです。そこで我慢をすることで、疲れてしまっては意味がないのです。

さあ、ここまで読んだみなさん。自分にとって気軽にできるご褒美はなんでしょうか。今から10個考えてみてください。たくさん考えられたら、きっと明日からよいサイクルが生まれてくるはずです。明日は、この中で一番簡単にできそうなご褒美を自分にあげてください。

ルール 9 「自分」というロボットを動かす感覚をもつ

この話をすると、いつも気持ち悪がられますが、自分が一番行っている技です。

嫌な仕事は、自分ではない自分にやってもらいます。


みなさん、自分を俯瞰的に見ることはできますか?

私は大学で心理学を学んでいますが、「メタ認知」という概念を使って、仕事をすることができるようになりました。

つまり、自分を自分の上から眺めている感覚です。

例え話でイメージしましょう。

やりたくない仕事が目の前にあり、パソコンとにらめっこしています。

①まず、時計を見ます。
②次に「よろしく！　俺」とつぶやきます。
③あとは、ぼーっとします。
④時計が一回りすると、なぜか仕事が終わっています。

伝わりきらないかもしれませんが、自分のロボットを使う感覚は、ぼーっとする感覚に近いです。このとき、ぼーっとしてよいですが、席から立たない訓練をすることも、自分というロボットを使うこととつながります。

まずは、自分の後ろ姿を空中から見るイメージをしましょう。

自分は自分であって自分じゃない。

この「自分」と上手に仲良くすることで、時間を生み出し、残業ゼロにつながっていきます。

あくまで「自分」というロボットなので、無理をさせすぎず、できていたら褒めてあげたり、休ませてあげたりすることも大切です。嫌な仕事を「頑張った！」という感覚なく片付けられれば、早く帰れることにつながっていきますね。

ルール10 かけた時間は、本当に子どものためになっているか考える

以前、同じ勤務校だった若手の先生は、本当に熱心で、夜遅くまで仕事をしていました。丸付けにしても丁寧で、私が10分で行う丸付けを1時間はかけて、丁寧に見ていました。掲示物には、一つ一つにコメントを書き、「親切だな」「よく頑張っているな」と感心していました。

ところが、こんなに頑張っているのに、保護者から「コメントが少ない」「丸付けはどうなっているんだ」というクレームがきたのです。

なんだか変だと思いませんか⁉

保護者の言い分は、「コメントが一行ばかりで、伝わらない」「丸付けは丁寧だけど、時々していないものがある」という言い分でした。

保護者は、勤勉さを評価しません。あくまで結果を評価します。これに対策するために、私たちはどうすべきなのでしょう。

まず、「すべては、やれない」ということ。

そして、**「やると決めたものは、とことんやる」**ということでしょう。

私は、毎日学級通信を出します。しかし、掲示物のコメントは一切しません。コメントは日記と道徳ノートだけです。しかし、日記のコメントは少なくても3行以上は書きます。丸付けは、遅くとも次の日には返します。テストなら、その場で丸付け、記録し、その日に返すことも多いです。後で触れますが、結果がすぐわかった方が子どもも喜びます。

夜中まで丸付けすることで、疲労も残ります。先生が笑顔でなくて、一番被害を受けるのは子どもです。教師が休むことこそ、本当の子どものためだと思っています。そして、教師が堂々と「今日はやーめた。帰る」と言える環境をつくっていきたいと思っています。この本を書くきっかけもそれです。ではみなさん、ご一緒に。

「今日やーめた」

ルール11 仕事は布団でもできることを意識する

誤解のないように最初に言っておきます。

仕事を布団でやろうなんて思ってはいけません！

ただ、言いたいことは、仕事は職員室の椅子に座っているときだけにやるものではないということです。

私は、寝る前に2時間、布団で本を読んだり、1日の振り返りをしたりしています。仕事をしようなんて、一切思っていません。しかし、この時間に1日の振り返りをしていると、明日子どもたちとやってみたいことが、あふれるように出てくるのです。

ここで大事なことは、仕事を仕事と思わないこと。

「考えなきゃ」ではなく「考えちゃって楽しい」という考え方の転換です。そのために1日の振り返りを行います。この振り返りは、「今日自分にとってハッピーだったこと」

「今日自分が人のためにできたこと」の2点のみです。（ベストセラー作家ひすいこたろうさんに教えてもらいました。ぜひ、ひすいさんの本を読んでみてください。ハッピーになれます）

私は楽観的なので、自分にとってハッピーだったことは、たくさん出てきますが、問題は、人のためにできたことです。最初は、あまりありませんでした。でも、この振り返りを毎日するとどうでしょう。

人のために行動することをつくりたいので、どんどん人のために行動できるようになります。

まず、誰よりも電話を先にとります。お湯を沸かすようになります。

「誰かものを落とさないかな。一番に拾うんだけど」そんなことを考えながら、道を歩くようになります。

すると、不思議なものです。

自分の幸せ感が強くなり、感謝できるようになってきました。布団の中でも、楽しく仕事のことが浮かび、実質、仕事時間に仕事する量が減っていくのです。気持ちだけで全く変わるので、ぜひやってみてください。

ルール12 「仕事」という概念を変える

そもそも「仕事」ってなんでしょうか？

お金をもらって働いていることと捉えると、教科書編集委員や文科省での会議なども仕事になります。ラクロスも仕事って言えますし、この本を書くことも仕事でしょうか。給食を食べるのも仕事。子どもたちと遊ぶのも仕事。働き方改革の時代なのに、私は週7日、毎日15時間労働で過労死になってしまいますね。

だから、「仕事」はなんなのかという自分の中の概念が大切なのです。

私にとっての仕事は、

・やりたくない事務作業
・出席したくない会議
・保護者クレーム

くらいです。あまりないので、私の仕事は週3回、1日3時間くらいだと思っています。

「仕事は楽しいもの」という感覚にするのも必要ですが、私はあえて**仕事は大変なもの→大変なことはあまりない→毎日休み**という考えの転換をしています。それが、自分のゆとりにつながりますし、毎日楽しく過ごす秘訣になっています。

「努力することは大切だ」と子どもたちには、教えます。「庄子先生は、毎日学級通信書いて努力家ですね」なんて保護者に言われることもあります。

しかし、私は一切努力をしていません。嫌だったらやりません。私は、自分が子どもたちと生きた証を残したいから、書きたくて仕方ないだけです。

「夢中になる→努力していない」

私は、仕事と遊びの境界線がほとんどないのだと思います。世の中の人全員が夢中になることを増やして、仕事だか遊びだか分からないという感覚をもてるといいなと思います。

ルール13 未来のために今を犠牲にしない

「未来のために、今はしんどくても頑張る」

これは、とてももったいない考えだということを、ようやくわかってきました。

私は高校三年間、地獄のような野球漬けの生活でした。先輩から怒られないために部活をしていました。あと1年の辛抱だと本気で思いながら毎日生活していました。

小学校では、「君なら○○高校に入れるよ。がんばれ！」なんて声かけをいただき、その期待に答えるために、その高校に行きました。

過去は美化するものなので、それはそれで意味があったとは思っています。しかし、しんどくても未来のために頑張る生活をしなかったら、また違う意味のある人生になっていたのではないかと思っています。

今は若手だから、夜遅くまで頑張らなきゃいけないと思っている方。そんなことはないのです。

未来のために、今を犠牲にすることほどもったいないことはありません。

また、過去にしばられて、今できないと思う必要もありません。

今、なんの制約もなかったら、何をしますか。

私は、小学校の教員をします。子どもと一緒に、より楽しい授業をつくります。

それを、発信します。先生方とああでもない、こうでもないと話したい。

今を犠牲にしない生活を始めてから、教科書や雑誌、本の仕事をいただくようになりました。教師ではない人と教育について語ることも多くなりました。

教師は、教材研究しているだけが、素晴らしい教師になる道ではないと思うのです。様々な経験をすることが、人としての深みを出し、それが人間力となって子どもや保護者、職場のみなさんに伝わるのだと思います。

みなさん。今夜は、仕事をやめ、何か小さな新しいことをやってみませんか？

ルール14 仕事をすることに酔わない

仕事は楽しい。だから21時になってしまう。

これはこれで素晴らしいことだと思っています。仕事を仕事と思っていないので、何時になろうがよいのかもしれません。

でも、そんな教師はごく一部。ほとんどの人がまえがきにも書いた通り、仕事が終わらず遅くまで残っているのではないでしょうか。

遅くまで残りたくないけれど、仕事が終わらないで21時まで残っている人にも、達成感は生まれます。それは、

「私はこんなに遅くまで、子どもたちのために仕事をしている」

という自分への酔いです。

人間は、過去や現在の自分を正当化させようとして、大変なことから目をそむけられる

という才能をもっています。この能力が、自分が遅くまで残っていることを正当化させ、悪い習慣を引き継いでしまうことになるのだと考えています。

遅くまで仕事をしている自分に酔うことをやめましょう。

やめるためには、人間みんなに備え付けられている過去を美化する習性を見つめ直し、「意志の力」を使って、自分を変えることに取り組みます。

この本に書かれている、心を変える様々な取り組みの中で、一つか二つ決めて、まず三週間取り組みましょう。

次のルールで説明する「意志の力」は、すぐ消費します。力がつきると、すぐもとに戻ってしまいます。そのためにご褒美を与えながら、「意志の力」を継続します。

三週間経てば、その力は習慣化しているはずです。はみがきと同じように苦痛にならず自然にできるようになります。

遅くまで残ることは、決して子どもにも教師であるあなたにもよいことではありません。自分の体を大切にして、少しずつ変えていきましょう。

ルール15 「意志の力」を調整する

前頁で、遅くまで残るのをやめるには、「意志の力」を使わなくてはならないと書きました。

そもそも、「意志の力」ってなんでしょう。

みなさんは、やめられない習慣って何かありますか？

私は、5年前くらいまで、体重が増えていくことを止めることができず、毎日たくさん食べていました。つまり、食べることがやめられない習慣でした。

社会人一年目より10キログラム近く増え、「痩せたいなー」と漠然と思っていましたが試してみるダイエットはどれも効果がなく、三日坊主が続きました。

もうここで、すでに「意志の力」を使っているのです。

「ダイエットを試す」という「意志の力」です。

しかし、私はそのとき痩せることができませんでした。

痩せたい↓ダイエット法を試す↓お腹がすく↓我慢する↓我慢の限界↓食べる↓ダイエット法をやめる

何か新しいことに挑戦するためには、「意志の力」を使います。ここで、三週間続けて、習慣化しなくてはなりません。

ここで「意志の力」をフル活用しても、三週間継続する「意志の力」をもっている人はほとんどいません。「意志の力」を使いすぎず、使い方を調整しながら習慣化させていくのです。

ダイエットを例に考えて見ましょう。

最初の3日は、「意志の力」を出し切らないように調整します。最初はやる気に満ちているからです。カレンダーにシールでもはって、3日頑張った自分に達成感を感じさせます。

問題はここから。体重計に乗っても体重は減らない。お腹はすく。食べちゃおうかなという頭の中の悪魔と戦う。こんな時が「意志の力」をもっとも使う時です。フル活用して、ここを乗り切ります。これを一般的に「辛抱」とか「我慢」とか言う時期ですね。

しかし、「辛抱」や「我慢」には限界がきます。ここで「意志の力」を使わないために様々なことを心がけます。ダイエットであれば、

①太りすぎると健康によくないことを再確認するような事実やテレビを見る。
②痩せているときの方が運動がしやすいことを自覚する。
③みんなに痩せると宣言して、これで痩せないわけにはいかない環境をつくる。
④みんなで毎日報告し合う。
⑤何日かに1日、ご褒美の日をつくる。

などをして、「意志の力」を使わずに三週間継続することができました。

あとは、不思議。それから、体重は痩せ続け、今では社会人1年目より少ないです。食べ物、飲み物の制限は一切していません。ただ習慣化していることは、食べ過ぎた日でも毎日体重計に乗ること。ここ5年間体重計に乗らなかった日は数日しかありません。

ここで、「意志の力」のまとめをしておきましょう。

①「意志の力」は誰もがある。
②「意志の力」には限りがある。
③「意志の力」を調整して、三週間継続できると習慣化する。
④習慣化を身につければ、毎日17時に帰ることができる。

「意志の力」がどれだけ大事なものか、わかっていただけたのではないでしょうか。

ルール16 満たされないことは力になると考える

ここまで、考え方が変われば、時間が生まれることについて書いてきました。ここからは、そもそも時間がないことが本当にいけないことなのかについて考えていきます。

これこそ、究極の時間の生み方だと思っていますので、今まで読んできた気分と変えながら読んでみてください。

さて、改めて考えてみましょう。

仕事が終わらないから遅く残るという経験は、本当にいけないことか？

私も、初任の時、遅くまで残ることがありました。なんて非生産的なのだろうと思うような、一度実家に帰って学校に行くということを繰り返してもいました。

結論。無駄は無駄じゃない。

失敗経験は、後に経験になります。ここまで読んでも、早く帰れそうにない。もしくは、読んでからやってみたけれど、長続きしなかったというあなた。


ああ。私はダメな人間だ。本を読んでも全く変わらなかった。

よく考えたら、いつもそうだ。

小学校の頃から計画は立てても計画通りにならないし、ダイエットは続かない。

早起きして腹筋するって年始に決めたのに、続いたのは何回だろう。

だから、毎日うまくいかないんだ。

もしこんな感情になったら、

「こんな感情になった今の自分を大切にしよう」

と思ってください。

もし、いまあなたが早く帰れなくて、つらくてつらくて、つらいのであれば、そのつらいという感情を真正面から受け止めましょう。

「これがつらいって感情なんだ。無理に変わろうとしないで、今の感情をしっかり覚えておこう」

この経験が、将来必ず役に立つはずです。

この経験があったから、今の私がいると思える時がきます。

満たされないことは力になる。

できなかった今を大切にすることで、未来の種がまかれます。

できないことがあるから、できたとき、達成感が生まれるのです。いつもできる人ができても、それは当たり前になってしまいます。

できないことがあるということは、これからできる伸びしろがあるということです。

本題の時短術について考えましょう。

早く帰ろうと思ってもできない。↓今まで言われたことをやってみたけれどできない。↓そんなできない自分を認めなさいと言われても、認めることができない。

そんなあなたは、まず、夜遅くまで頑張っている自分を認めてあげましょう。

早く帰っているあの人より、少なくともあなたは長い時間働いているのです。クラスの子どもたちを大切にしているのです。そんな自分は素晴らしいと思いませんか。私は素晴らしいと思います。

遅くなってよくないと思っているのなら、今日くらいすべてを投げ出して帰ってみませんか？　終わらないとさらに仕事をためて、明日がつらくなる気がしますが、あなたが終わってなくても、明日は必ずやってきます。

ダメな自分を認めてあげる。

できなかった経験が将来必ず役に立つと信じましょう。

今あなたが遅くてつらい経験をしているのであれば、それは、あなたに与えられた試練であり、乗り越えるべき課題なのだと思います。ここで頑張った経験が、必ずいつか笑い話になるときが来ます。特に教師は、年度が替わればすべてが変わります。今、うまくいってないことはすべて力になると信じることで、気持ちが楽になります。

ルール17 「感情」から「結果」を生み出す

思った通りに1日が終わると、達成感が生まれます。逆に思った通りにいかないと、モヤモヤ感が残ります。この達成感とモヤモヤ感、上手に扱えていますか？

私が、長年監督をしているラクロス部では、**「結果から、感情を生むのではなく、感情から結果を生む」**というシンプルな考えを大事にしたことで、チームも4部から1部にあがることができました。具体例をもとに、お話しましょう。

試合で勝ったところをイメージしてください。そのとき、あなたはどんな感情ですか？うれしいにきまっていますね。つまりこれが「結果→感情」という流れです。

これは、スポーツの場面だけでなく、様々な場面で「結果→感情」というシステムが成り立っています。

「よい授業ができた→うれしい」「今日は早く帰れる→うれしい」

「あの子が宿題やってきた→おどろいた」「クラスが落ち着かない→かなしい」

「結果から感情」という流れは、言ってみれば当たり前なのです。だから、それを当たり前にしないトレーニングを積むと、自分の未来の人生を見つけることができます。

つまり、**「感情→結果」**を生み出すのです。

どうやるのかというのは、理論では簡単です。すべて逆にすればよいのです。

「うれしいと思って授業をする→よい授業ができる」

「今日は早く帰れてうれしいと思い込む→早く帰れる」

結果から感情が生まれるのであれば、よい感情をつくっておくことで、よい結果がでることは明白です。

教師が、授業を楽しんでいないで、よい授業がつくれるわけがありません。逆に、教師が楽しくなくても笑顔をつくっておくことで、教師が笑顔になるような出来事が舞い込んでくるというわけです。

もちろん楽しいことばかりではありません。しかし、よい感情を持ち続けておくと、たとえ悪いことがおきても、**「これはどんなワクワクすることにつながるのだろうか?」**という感情で事実に正対することができます。すると、ピンチもチャンスになっていきます。

そこまでいくと、どんなことでも楽しめてしまいます。

ルール18 やめるタイミングを意識する

「神よ。降りてきて！」

どこの学校に行っても、成績の時期に職員室で聞かれる声です。息詰まって、パソコンの前でにらめっこ。まったく筆が進まない。そんな経験、誰もがあるのではないでしょうか？

そんな日はあきらめる。別のことをする。そんなことは前頁までに書いてきました。毎回「やーめた」では前に進まない。結局残る。↓やる気がでない↓前に進まないという負の連鎖。感情までマイナスになってきて、もちろん結果もついてこない。保護者からのクレームも増え、ますます早く帰れない。

ここで私が行っていることは「楽しいうちにやめる」ということと、「きりの悪いところでやめる」の二点です。

まず、「楽しいうちにやめる」ということから解説していきましょう。成績の時期の所見から考えてみましょう。

「神は降りてこないけれど、少しは書き始めることができた。このままの調子で書き続けたい。このままのペースで頑張ってくれ自分！」と願っているとします。

でも、頑張っている「自分」も人間です。限界が来て、思考停止になります。「今日はやーめた」となって、明日を迎えます。

これが仕事を速く進められないポイントです。

このやめ方は、嫌になったタイミングでやめ、きりのよいところで終わっています。嫌になったタイミングで終えると、次回やるときに「やりたくないな。でもやらなきゃ」という感情が生まれます。やりたくないことをやるときには、「意志の力」を使うことは前ページに書いたとおりです。やり始めるまでにも時間がかかるし、やり始めてもなかなか前に進みません。では、どうしましょう。

毎回同じですね。うまくいかない理由がわかったなら、その逆をすればうまくいくのです。つまり、楽しいうちにやめ、あえてきりの悪いところで終わるということを積み重ねて、「意志の力」を使わずに仕事を進めましょう。

成績の時期の所見の例に戻って考えてみましょう。

神が降りてこないけれど、少しずつ文章が浮かんでくる。

「よし！　あと10分だけやろう」とストップウォッチを押します。私はいつも、この10分で何字打てたかをゲーム感覚で楽しんでいます。だいたい10分しばりをすると400字くらい打てます。600字行けたときは、シュークリームを自分にあげます。

でも、鐘が鳴ったら、必ず休憩に入ります。

「あーこのタイミングで休憩に入らなければよかった。早くやらないと忘れちゃう」という気持ちをもちながら10分休みます。実は休んでいる間にも、次の10分で誰のどんなことを書こうか、自然と考えてしまいます。

「自然に」というところがポイントです。自然に考えるということは、早くやりたいという感覚になっているということです。つまり、本来嫌な所見が楽しみになっているということです。

「次の10分は自己新記録をだそう」

「自分との勝負に勝つぞ！」

「そのために、今のうちから書くことを考えよう。○○ちゃんは……」

私の頭の中はそんな感じになっています。

きりが悪いところで終わることによって、やりたいという欲を出し、その欲がエネルギーとなって行うので、「意志の力」を使わず継続できる。

教師は、年3回は成績の所見を書かなくてはいけません。こんな感じで楽しみながら所見を十何年も書いていると、所見の時期が楽しみになります。

だって所見の時期は、会議がないんです。

三学期制なら、もうすぐ長期休みです。

この時期は一人の時間を確保することができ、ぼーっと瞑想することもできます。

楽しいことを考えながら仕事ができる最高の時間です！「楽しいうちにやめる」「あえてキリの悪いところでやめる」ぜひやってみてください。

ルール19 職員室で戦わない、腹を立てない

職場の職員室は、よい雰囲気ですか？

私の学校の職員室は、まぎれもなくよい雰囲気です。17時に帰るか、そうでなければスポーツをする雰囲気もありますし、何かやらなければならないときは、みんなで遅くまで残って研鑽する文化もあります。何より、職員室に笑いがあります。

もしかしたら、悪いところを探せば、たくさんあるのかもしれません。いや、たくさんあるでしょう。でもそれは、自分自身の心が決めることです。

誰だって、よいところも悪いところもあります。私にだって、あなたにだってあります。しかし、それを悪いところと決めるか決めないかは、他の誰でもありません。あなた自身です。

うちの職員室は、本当によい職員室ですが、そうでないとしても、よい職員室にするた

めに心がけていることは「戦わないこと」と「腹を立てないこと」です。
職員室の空気が悪くなるときの、自分の対処の仕方を紹介します。

悪くなるときの具体例　管理職が無理難題を言う

あるあるという方。その通りですね。でも、この無理難題は、なぜ言っているのでしょう？

①教育委員会から、やれと言われるから。
②そうすると本当に学校がよくなると思っている。
③職員を苦しめるのが楽しいから。

①という理由はよくあることです。それでも、職員はやることが増え、不満がたまります。しかし、それは「私が（私たちが）仕事が増えるから」不満がたまるのです。**常に自分を俯瞰的に見て、相手の立場に立って考えることができる**ようになれば、戦わないし、

腹も立たなくなってきます。さあ、校長の立場に立って考えてみましょう。

「また、出さなくてはならない書類が来た。大変だけど、先生のためになるからやってもらおう」

「この忙しい時に申し訳ないな。ここまではやっておいて、ここだけ出してもらおう」

伝え方や職員への思いには違いがあるものの、どの校長先生も職員のことを考えています。この裏の思いを感じ取ることが大切です。

「そんなことないよ。うちの校長は、本当に職員のことなんて考えないでいろいろ無理難題を言うんだよ」

という、あなた。これは、「②そうすると本当に学校がよくなると思っている」タイプの校長だとして考えていきましょう。

③タイプの校長もいるかもしれません。でも、あなたがそう考えているだけで、思ったよりいい人かもしれませんよ。

たとえ、１００％嫌な人で救いようがないとしても、それは**あなたの心を変えるだけ**で、相手は変わっていきます。

いや、本当は変わっていないのかもしれませんが、あなたの見方が変わったので、相手も変わったように見えるのです。

事実は関係ないのです。その事実に解釈をつけるのは、あなた自身です。

事実は変えられない。解釈は変えられる。

解釈を変えるためには、事実なんかで揺らがない心をつくる必要があります。その中で一番と言っていいほど大切なことが「戦わない」「腹を立てない」ことだと思っています。

戦うと腹が立ちます。

腹が立つと、イライラします。

イライラすると、それを考えて仕事の効率が下がります。

仕事の効率が落ちると、早く帰れません。

気持ちを変えることが、早く帰ることにつながると、私は思っています。

ルール20 身近な人への感謝を忘れない

あなたが今、遅くまで仕事しているのは、あなた一人の頑張りでしょうか？

頑張っているのは、あなたです。

あなたが、他の人より頑張って仕事しているのも事実かもしれません。

早く帰っている隣のクラスの担任より、あなたの方が頑張っているし、大変な思いをしているのも、そうなのかもしれません。

私は、本を通してあなたと話しているので、あなたのことはわかりませんが、お忙しい中こんな本を手にとってくださっているのだから、相当頑張っている方なのだと思います。

しかし、
あなたは、あなた一人で頑張っているのではありません。

あなたの帰りを待ってくれている両親や家族の人が、あなたが仕事を頑張っている間家の仕事をしてくれているのかもしれません。

ひとり暮らしだから関係ないって？？

そんなことがないのは、ここまで読んだあなたなら、わかっていただけると思います。

あなたが健康で遅くまで仕事できるのは、健康に生んでくれた両親のおかげです。

あなたが専門教科で研究できるのは、職場の先生たちが支えてくれているおかげです。

そして何より、クラスの子どもたちがあなたの話を聞いてくれるから、私たちは給料をいただき、楽しく仕事ができるのです。


極論を言えば、あなたがこの時代に生まれ、様々な影響を受けて教師になり、今頑張れているのは、この地球に生まれたからです。

「今生きている」

そのことにすら感謝ができれば、日々の忙しさも、プレゼントに思えてきます。

今は英語で言うと「present」ですね。今、遅くまで仕事をしていることに不満をもつか、有り難いと思うかはあなた次第。その気持ち次第で、自分の生きたい人生を歩めるかどうかは決まってくるのだと思います。

Column

最近ワクワクしていますか?

最近、探究という言葉を大切にしています。教師は、教えなければいけないということに囚われていて、ワクワクしていないことがあるんじゃないかなと思っています。少なからず周りの先生の中で、人生本当に楽しいかな?と思う先生がいます。

ここで教育界以外の人と話すことが大切だと思っています。

最近は、様々な企業の職場を見に行かせていただいています。働きやすい職場は、服装から、会議室の形まで全く違います。それに比べて、学校の職員室は、どこの学校もほとんど同じ形です。

この時代だからこそ、様々なことを見直すチャンスです。仕事は区切りをつけて、他業種の人から学んでみるのはいかがでしょうか?

2章

時間を生み出す「行動」を変えるルール

ルール21 【授業】丸つけは、授業時間内に教室で行う

2章からは、具体的な時短につながる行動について書いていきます。私が行っているものなので、みなさんには合わなかったり、全国各地ルールが違うので当てはまらなかったりするものもあるかもしれません。

たくさんあるので、どれか一つでも参考になればと思っています。


さて、教師の一番の仕事は、授業です。

当たり前ですか?

「当たり前」が「当たり前」でないことは、教師であるみなさんならわかるはずです。

本来一番やらなくてはいけない教材研究が、一番後回しになってしまって、負の連鎖が起

きています。その負の連鎖を食い止め、少しでもおもしろい授業を提供していく必要があります。

そのために真っ先に行うことは、**丸つけの時間を短縮すること**だと思います。

以前、隣のクラスの先生に、丸つけにどれくらい時間がかかっているか聞いたところ、1日1、2時間と言っていました。

しかも、放課後です。

まえがきに書いた通り、放課後に丸つけに割く時間などありません。

それを毎日行っていれば、どんどん帰るのが遅くなります。その先生も随分遅い日が続いていました。

「丸つけは授業中に終わらせる」

このことを行うだけで、教材研究に使える時間がとても増えました。

「授業中は、授業をしているんだから、丸つけなんかできるわけない」

「その間、子どもたちはどうするんだ」

「丸つけしながら、子どもたちのことなんか見られない」


このような声が聞こえてきそうです。一つ一つ答えていこうと思います。

授業中は授業をしている。その通りです。でも、これは丸つけができないこととは、つながりません。

この方のおっしゃることは、一斉授業のみが、授業と捉えているのではないかと思います。

1対40で、教師が常に前で指名しながら授業するスタイルだけが授業であるとするのであれば、丸つけは不可能です。ちょっと想像するだけでも、無理ですね。

でも、テストが終わった子が、立って並んでいるときは、丸つけができます。

並ばせずに提出させて、テストが全員終わるまで読書や、繰り返し計算ドリルを行っていれば、その間にも、丸つけはできます。

小学校のテストは、中学校のテストと違い、全員の丸つけをしてもせいぜい20分です。テストが終わった子から丸をつけ、点数を控えることは、容易にできるはずです。

テストが早く返ってくると、実は子どもも保護者もうれしいのです。丁寧に丸つけしようと思って溜めておくことの方が、子どもも保護者も嫌います。

それはそうですよね。頑張ってやったのだから、その結果はすぐ知りたいのです。

学力の面でも、**間違えた答えを早く直せば直すほど定着率もよい**というデータもあるそうです。考えてみたら当たり前かもしれません。

テストの丸つけは、その場でする。これが、時短として必要なだけでなく、自分も子どもも保護者も大切にできる技の一つとなります。単純作業は、できるだけ早く効率的に終わらせ、考えてよりよいものを出すことに時間を使う。

当たり前のように見えて、意外とできていない教師の時短術の一つです。

ルール22 【授業】子どもが自分で学べる環境をつくる

そもそも、現在の教育の最も間違っていると思うことは、

「教師が、児童生徒に教える」

というスタイルが定着していることだと思います。


??　教えるのが教師の仕事なんじゃないですか?


そうです。教えることが仕事です。

しかし、ただ教えるのではなく、**自分が主体的に学ぶ環境を作ること**が仕事だと思います。

多くの先生は、「教えること」にエネルギーを割きます。

「教える」というのは、自分の体力をかなり使う仕事です。当然疲れます。となると、

教える授業と、考えさせたり自主的に学ばせたりする授業をつくらなくてはいけません。
そうでなければ、教師の考えを聞くだけの子どもに育ってしまいます。

では、どうしたらよいでしょう。
自分で学べる環境をつくることです。

私のクラスでは、それを「なんでも学習」と呼んでいます。
なんでも学習のルールを説明します。

①一人で行うこと。
②一言も話さないこと。
③学習をすること。

私のクラスの子どもたちは、黙々と「なんでも学習」をしています。
一番多いのは読書ですが、自由帳に絵を描いている子、週1回の作文を書いている子、計算ドリルを繰り返し行っている子、学級通信の題字を書いている子、学級通信の後ろに載せる新聞を書いている子、教科書を読んでいる子など、様々な子がいます。

どの子も主体的に学習しています。教師の一方的な説明を聞いて、ぼーっとしている時間より、よっぽど脳が活性化していると思います。そして、様々なことを考え、学んでいます。

主体的に学習することは、新学習指導要領になってから特に大事にしている言葉だと思っています。

つまり、文部科学省は、今のままの教育では、まずいと思っているのです。

現場はどうでしょう？　先生方も、子どもたちが主体的に学ぶことが必要ではないという先生はいません。でも、今までの教え方と何を変えればよいのかわからない先生はたくさんいます。その結果、変わらない教育をしてしまっているところがあります。

遠慮せず、子どもたちが自主的に考える時間をとりましょう。

そうすることで、教師にも余裕が生まれます。しっかり教材研究できている教科で、たっぷり話し、考えればよいのです。子どもも好きなことを学習していた（なんでも学習をしていた）ので、メリハリをつけて学習に臨めます。その結果、教師にとっても、子どもたちにとってもよい授業になります。

「○○しなければならない」ということが、現場では多すぎます。また、真面目な先生ほど、それをすべてやろうとします。

初任の先生は、毎時間、研究授業のように授業を行います。授業1時間の準備に30分とっても1日2時間半。それでは終わるわけがありません。終わらない結果生まれるのは、**すべての授業がうまくいかなくなること**です。うまくいかない授業はおもしろくなく、子どもの落ち着きもなくなります。

自主学習ができる環境を整えること。子どものためにも教師のためにも大切なことです。

ルール23 【授業】ノートは毎日チェックする

「え。これは時短の本じゃないんですか！　ますます時間がかかりますよ！」と思われた方もいると思います。そんなことありません。これはあくまで、時短を行うための大変大事な技術です。

人間は、サボりたい生き物です。私だって……。要は、見てもらっていると言うことが、正しい行動をとらせるために大事なことです。

みなさんノートチェックはいつ行っていますか？
学期末の成績の時期に、まとめて行っている先生をよく見ます。
成績の時期が嫌なのは、まとめて成績をつけるから嫌なのです。毎日少しずつ成績をつけていれば、成績の時期はむしろ楽になります。

例えば算数の授業をイメージしてみましょう。

授業が終わり、まとめや、自分の感想を書かせます。

感想が書けた子から、先生のところに並びます。はんこを押して、チェック終了です。

机に戻って、ノートをしまい、トイレ水飲み休憩です。

これを毎回行うこと。一回一回は全く大変ではありません。

そして、はんこを押すときに、一つ以上ほめましょう。

「今日もノートがきれいだね！」「かんぺき！」「この考えすてきだね！」「いつもよりよく書けたね！」**比較するのは、昨日のその子。決して違う子と比較しません。**

毎日チェックすることで、黒板を写さなかったり、書かなかったりする子はいなくなります。毎回書いているからこそ、書かないで何やっているんだという指導をしなくてすみます。

つまり、叱る指導を1回しなくていいようになっているのです。これは大きな時短です。

叱るということが何よりも労力を割き、時間がとられることだからです。

ルール24 【授業】コメントする提出物を決める

若い先生方は、本当に丁寧に、提出物等にコメントをしています。

生活科カードにも、一行ずつ丁寧なコメント。国語や、算数のノートにも行っています。

日記は、3行くらい書いています。

隣の主任の先生が○○にコメントしているから、私もそれにコメントを書かなければ！と思い、毎日21時を迎える。


一見よいことをしているようで、コメント地獄の始まりで、子どもにとってとても悪いことをしています。

「え。コメントをこんなに頑張って書いているのに、何が悪いの？」

「コメントは、子どもたちも喜ぶし、どんどん書くべきよ」

おっしゃる通りです。私もコメントの力はとてもあると思っています。しかし、その意見を聞いても、悪いことであるという考えは変わりません。

まず**一つ目は、コメントを書くことに追われていること**です。

コメントは、書きたくなるから書く。

決して書かなければいけないから書くものではありません。

二つ目は、一行しか書いていないこと。

もちろんわかります。何行も書いていたら、コメントだけで1日が終わってしまいます。

書かなきゃいけないけれど、短く書かなきゃ体がもたないですよね。

しかし、どうでしょう。1行のコメントを読む立場に立ってください。読んだところで、何も心が動かないのは明白です。

お花の絵の生活カードに、

「よく詳しく観察していますね」

と、書かれていても、子どもたちは「書いてあるな」くらいにしか思いません。心も動かないものに、時間を使うことはとってももったいないことです。

心が動かないのは、他にも理由があります。それは、先生が、心を動かそうとして書いていないからです。

悪くいうと、あくまで義務感のみで書いているコメントだからです。では、どうすればよいのでしょうか。

私が意識していることは、読む子どもたちの立場に立ちながら考えることです。

そのために、まず、1行のコメントは書きません。

1行で、子どもたちの心に響くコメントは、不可能に近いからです。

まず、生活科カードのお花のコメントはしません。

廊下や教室の後ろに掲示するものだからコメントをするということはよくありますが、それでも、中途半端にコメントすることは、保護者の目から見てもマイナスになることがあります。

1行コメントを書くことだって、クラスの人数が30人なら30行のコメントを書かなくてはなりません。30行もコメントを書いたのに、保護者や子どもたちからクレームをもらう。

これが、負のサイクルの始まりです。

コメントをするものとしないものに教師としての自分の筋を通す。

生き物が好きな先生は、生活科カードに3行のコメントをすることをおすすめします。私は、日記は5行くらいのコメントをします。子どもたちも、日記のコメントをとても楽しみにしています。保護者の方も楽しみにしてくださっている人も多く、子どもと保護者の顔を思い浮かべながら、コメントを書いています。

もちろん5行のコメントには、時間がかかります。しかし、それだけしかコメントしないで、後はスタンプにすれば、時間は短縮することができます。

時間は有限です。何もかもを頑張ることはできません。

自分の学級経営の中で、今年度大切にしているものはなんですか？それを考えて、コメントを書くものは徹底して書きましょう。そして、それは、やらなければいけないものではなく、楽しみながらやりましょう。それが、プラスのサイクルの始まりになること間違いなしです！

ルール 25 【授業】子どもたちに任せてほめる

プラスのサイクルをつくると言っても、なかなかできないことも多いです。意識しないと、あっと言う間に負のサイクルに陥ります。だから、本などを読んで、常にプラスのサイクルを意識しておくことが大切です。

事前に意識するだけで全く違います。例えば、叱りたくなる場面は急に来ます。事前に叱らない訓練を自分にしておくことが大切です。

さて、プラスのサイクルをつくりながら、仕事も早く終わらせ、自分の時間をつくる。そのために真っ先にすることが「子どもたちにやってもらう」ということです。

教師は真面目です。何から何まで準備し、教師が疲弊していきます。

それは、今までの「当たり前」を疑う心が足りないからだと思っています。

教師が教室掲示をすることが当たり前ですか？

教師が授業することが当たり前ですか？　教えることが当たり前ですか？

教師がコメントを書くのが当たり前ですか？

それは、子どもがやれないか考えてみましょう。


まずは、学期当初の始業式。

ランドセルを置く場所は、教師が事前にシールを貼って置くのは当たり前ですか？　場所だけ決めて、子どもが貼ることはできないでしょうか？

二日目の自己紹介は、子どもたちに任せられることはないでしょうか？　一日目の宿題として、何を考えさせてくるとよいでしょう？

係はどうでしょう？　子どもたちが自主的に係活動をしていれば、教室掲示は行う必要がないかもしれません。

次は授業。教師が教え、それをノートに書いて行くのは、正直言って時代遅れです。

これだけインターネットが発達したので、暗記して覚えるようなことはすぐインターネットを開けばわかります。授業の形式は、今までと大きく変えていかなくてはなりません。

では、授業を子どもたちに進めてもらうとどうでしょう？

学習テーマは子どもたちが決める。子どもたちが決めると、子どもたちは自主的に調べてきます。教師も必死で調べてきます。その調べたことを発表して行う授業は、教師も子どももとても楽しいものです。

教師も子どもも楽しい授業は、教師が「やらなければならない授業」ではないので、教師の負担感は減ります。教師がやることはMC役だけ。授業準備も減りますし、家に帰ってから負担感なく教材研究ができます。

先生方が、かなり時間を使っていると言われるコメントはどうでしょう。高学年であれば、コメントを書き合うこともできます。一人で30人丸つけると一人一分でも30分かかりますが、（そんな効率よくできませんから、1時間はかかりますよね）子どもたち同士で授業中に行えば、放課後に行う作業はゼロです。

もちろん、なんでもかんでも子どもにやらせることはものすごく危険です。しかし、子どもにやってもらうことで、子どもたちは、自分たちで学級を運営しているという実感が生まれます。

子どもたちが自分たちで学級を運営している感覚があるクラスは、間違いなくよいクラスです。子どもたちも、クラスにいることに満足感があります。

教師は、そんな子どもたちがいれば、褒めることがいっぱいになります。よいところを認めていると、教師と子どもではなく、人と人として尊敬するようになります。

この本は時短の本ですが、子どもにやってもらうということは、教師がラクをすることが目的ではありません。子どもがやることで、教師の学級ではなく、子どもの学級になるのです。**日本には、教師の学級ばかりです。**だから、教師が変わると、子どもが落ち着かなくなったり、急変したりします。これが、子どもの学級になれば、クラス替えはあっても子どもたちで作っていこうとできます。

当たり前を疑い、子どもを認めてあげる。子どもとともにつくる学級にすることで、教師としても時間が生まれ、子どもにも居心地のいい空間が生まれます。

ルール
26

【授業準備】明日の授業準備は短く、単元ごとにまとめて行う

教師の本業は授業です。だからこそ、最も時間を割かなくてはならないことは、教材研究です。しかし、その時間が割けない現状だから、教師も働き方改革などと言われているのですよね。

制度を変えることや、一人ひとりの持ち時間数を削減していくことは、絶対に必要です。しかしそれは、私たち現場の教師が変えることはできません。変えることはできないことに時間を割くくらいなら、どうやったら教材研究する時間を確保することができるか考えていきましょう。

教材研究をする時間はとれない。それなら、とれない時間で、いかに効率よく教材を研究するか、でしょう。

まずは、**「明日の授業準備の時間は、短くする」**ということです。

正確には、明日の教材研究の時間は少ししかとれない可能性があるから余裕をもつことが大切であるということです。毎日、会議や電話対応、子どものお迎えに夜ご飯の支度と、やらなければいけないことはたくさんあります。

明日の教材研究を短くするためには、単元ごとにまとめて教材研究をしておくと、余裕が生まれます。

1時間の授業を考えるのに1時間考えていては、時間がいくらあっても足りませんが、10時間の教材研究を1時間で行えれば、10分の1で教材研究を行うことができます。さらに、見通しをもつことができるので一石二鳥です。

逆に、1時間1時間をしっかり教材研究することによるよくない点がいくつかあります。

①教師主導の授業になる。
②時間が足りない。
③見通しがもてない。

教材研究を真剣にやることは確かに大切です。そこで忘れてはいけないのは、授業は教師が子どもたちに教える場ではなく、教師と子どもが、また子どもと子どもが学び合う場であるということです。

学び合うためにも、教師が10知っておくことは必要ですが、10教えるのは違います。あくまで1教えながら、子どもたちが興味をもって主体的に学習することが大切です。そう、今言われている「主体的・対話的で深い学び」です。

また、当たり前ですが、教材研究は、机の上で指導書を見ながら行うことだけではないということです。

教師がおもしろいと思わなければ、子どもたちもその授業をおもしろいと思うはずがありません。教材研究を机の上でやって楽しいと思えるときはよいでしょう。そうでない時は、積極的に外で、自宅で、休みの日などに行うことも大切です。

特に理科や社会、体育は、机の上ではおもしろい授業はできません。理科は、観察や実験を楽しみながらして、社会はいろいろなところやいろいろな人に聞いて、体育は実際に動いて教材研究をすべきです。

「休みの日まで仕事して、全然時短じゃないじゃないか」

と考えられるかもしれません。

でも、**仕事ってなんでしょうか??**

仕事がどこかつらいものって、勝手に決めつけていませんか？

冒頭にも書きましたが、私はあまり仕事を仕事と考えていません。

教師の教材研究も、ある意味遊び感覚で行っていますし、教師以外の仕事（？）もたくさんやっています。こうやって本を書くのも仕事ですが、あくまで楽しんで行っています。

時には睡眠時間を削って行っていることもありますが、それはもちろんお金のためではありません。**楽しいから行っているのです。**自分が行ったことが形になる楽しさもあれば、この本を読んで、一人でも少し楽になってもらえたら、こんなにうれしいことはありません。

休みの日は、たくさん遊びましょう。その遊びを、仕事と結びつけましょう。仕事と遊びの境目なんてない。どれも楽しむことが、最高の教材研究です。

ルール27 【授業準備】終わるか否かではなく、時間で区切る

私が、残業せずに帰れるのは、見通しのよさではなく、あきらめの早さです。もちろん、誤解がないように書きますが、周りの迷惑にならないことは考慮にいれつつも、「あきらめる」という技能がとても大切になります。（24〜25ページ）

この本を書くにあたって、普段17時に帰るところを、18時帰りにした3日間がありました。結論から言うと、残業は「やはり効率が悪い」の一言でした。

授業や会議をやって疲れている中、仕事をする1時間は、朝の1時間の半分も仕事ができませんでした。私が超朝型であることも影響していると思いますが、それだけではありません。

放課後長く仕事をするデメリットは、次の点だと思っています。

①疲れていること

元気なときに行う仕事の方がはかどるのは当たり前。疲れてもう無理だと思ったら、「ちょっと散歩してくる」「スポーツをやる」「学校の周りを走ってくる」「職員室ではない場所で仕事をする」など、何かリフレッシュが必要です。ただ、放課後の仕事はやりづらくても職員室で行うことをおすすめします。最も大切なことは、よい学級運営ではなく、よい職員集団だからです。

疲れているなら、やめる。仕事が終わらないと考えず、後は家や朝にやる。自分の集中力が続く時間に集中して取り組める範囲内で行うことが、仕事の効率をあげます。

②終わりが決まっていないこと

夜はある意味、何時までもやれます。18時に帰ろうと思っていても、「キリが悪いな」と思えば、18時15分までやってしまうことはよくある話です。下手をすると、19時、20時なんて生活になってしまいます。

「あるある！」と、頷いている方もたくさんいるのではないでしょうか。

それに比べて朝はどうでしょう。

8時15分に子どもは来てしまいます。

つまり、終わる時間が決まっているのです。終わる時間が決まっていると、「あと何分だから急ごう」という思考になります。

残り時間が決まっている人の方が集中して効率的に仕事ができることは、言うまでもありません。ママさん先生たちが、効率よく仕事も子育てもできるのは、そういうところかと思います。

少し脱線しますが、ママさん先生の効率の良さは本当に素晴らしいです。正直、私は仕事以上に子育てや家事の方がよっぽど大変だと思っています。だから、妻には本当に感謝していますし、世の中のお母さんたちを本当に尊敬しています。そんな気持ちは、絶対に学級経営にも生きます。間違っても、親のことを「モンスターペアレント」なんて勝手に決めつけなくなります。

さて、本題に戻りましょう。

いかに、時間を区切らないことが、効率を悪くするかわかっていただけたかと思います。

では、どうすればいいのか？　簡単ですね。時間で区切ればよいのです。

そこで大事なことは、自分のスケジュール管理になります。左は、私の平日の一番多い過ごし方です。少し恥ずかしい気もしますが、どうぞ!

最近の1日のタイムスケジュール

4時30分	起床
	布団の中で本か原稿
5時30分	布団から出る
	息子と勉強
5時50分	家を出る
6時30分	学校到着
	1時間半、集中して仕事
8時	教室で待機
8時15分	子どもたち登校
	授業
15時15分	子どもたち下校
	1時間半、集中して仕事
17時	退勤
18時	大学の授業
20時	帰宅
	ご飯を食べながら宿題を見る
21時	子どもたちと布団へ
21時30分	皿洗いなど家のこと
22時30分	お風呂
23時	布団の上で振り返りや本

常に時間で区切って行っています。きりが悪くても時間で終わります。そんなことを続けていると、無意識で習慣化していきます。

ルール28 【保護者対応】「保護者はすごい」という大前提を忘れない

ここからは、保護者のみなさまと信頼関係を築くために、自分がやってきたことを紹介したいと思います。

私は、教員経験が十数年ですが、保護者で苦労したことは、ほぼありません。これは、私の対応が上手だったというよりは、保護者の方に恵まれてきたからです。ですので、あくまで参考として読んでください。

まず、基本的な考え方ですが、**保護者はすごい**ということです。

私は、現在9歳と4歳の親ですが、親が本当にすごいと思ったのは、長男が小学校に入ってからでした。

正直、我が子の学校での様子は全くわかりません。学校から送られてくる書類などは多く、どう準備していいかわかりません。

教師である私が全くわからないのです。教師でない保護者の方が完璧に準備して子どもを送り出していることが、本当にすごいと思えるようになりました。

みなさんのいる職員室は、いかがでしょうか？

教師同士の愚痴が飛び交っている職員室は問題外ですが、保護者に関する愚痴が飛び交っているのはある意味正常かと思います。

しかし、その愚痴をよく聞いてみると、あくまで教師の一意見であることがわかります。

「あの親は、子どもを見ていない」

「あの親はクレームしか言わないのよね。一回学校来てどれだけひどいか見に来なさいよ」

「あのお母さんは、自分が正しいとしか考えていないのよね」

教師こそ、相手の立場に立って考えなくてはなりません。という私も、そんな考えがありました。でも、親になってみると、教師が一方的に押し付けている感じがしました。

保護者はすごいという大前提を忘れないこと。

お子さんのために学校の教育活動に協力してもらっていることへの感謝を忘れないこと。当たり前のようで、当たり前ではありません。その感謝の気持ちがあれば、時間が生まれます。

なぜでしょうか?

保護者対応は、ものすごく時間がかかるからです。途中で壊れた教師と保護者の関係ほど、時間をとられるものはありません。保護者との関係が壊れてしまえば、子どもと教師の関係が壊れるのも時間の問題です。

感謝の気持ちをもつと、必ず相手の保護者にも伝わります。

小さなことに文句をつけなくなります。

先生のためなら、これくらいは目をつぶろうと思ってくれます。

先生がこれだけやってくれているのだから助けようという気持ちすら生まれます。

保護者は当然、家で子どもを育てなくてはなりません。ご両親とも働いているご家庭も多いです。お父さんが遅くまで帰ってこない家庭も多いです。そんな中、お母さんは、家に帰ってきて、ご飯を作りながら宿題をみて、お風呂に入れて自分の仕事のことも行う。

その大変さに共感しましょう。その大変さに共感して、見えない家庭の様子を想像することができれば、たとえ提出物が出ていなくても、宿題が見られていなくても、連絡帳が見られていなくても、教師がイラッとすることは減るはずです。

教師も大変ですが、保護者も大変。そのスタンスを忘れない。その前提ができれば、きっと教師も子どもも保護者も幸せな学級が築かれるはずです。その考えが職場に伝われば、よい学年集団、よい学校につながっていきます。私は、よい学年集団、よい学校を目指して、これから頑張っていきたいと書きながら思っています。

ルール29 【保護者対応】保護者に子どもの良いところを常に伝える

保護者はすごい。

この前提ができたら、次に行うことは情報公開です。

保護者への情報公開の一番は、学級通信を書くことですが、その詳しい内容は「48 学級通信で信頼を獲得する」（174ページ）に書いてありますので、そちらをみてください。（学級通信は最高です！　ただ、やらされて書くくらいなら書かない方がいいです）。

前の項目でも書きましたが、保護者は学校で子どもが何をしているのかよくわかりません。それをお知らせしてくれるだけで、いい先生となり、先生の味方になってくれます。

じゃあ、いつどうやって情報を公開するのか。

授業参観、保護者会、個人面談……。

意識しないと、保護者と直接会えるのはこれくらいしかないですね。

保護者を苦手としている教師も多いです。

たまにしか連絡をとらないから、保護者はますます不信感をもち、爆発した状態で電話をしてきたり、学校に殴り込んできたりします。

そうならないように、定期的に情報公開するのです。その方法は、

・学校でばったり会ったとき
・連絡帳で何か連絡・質問があったとき
・お休みなどで電話がかかってきたとき

などがあります。つまり、相手が子どもの様子を聞きたいという時でない普通なときに、**子どものよいところを伝える**のです。

私がやっている具体例をお伝えします。

休み時間、ＰＴＡの会議で来校しているＡさんの保護者とばったり会ったら、

「おはようございます。ＰＴＡのお仕事ですか？　いつもありがとうございます。そう

そう、さっきも、Ａくん授業中すごくいい発言していましたよ。Ａくんがいつも発言してくれるから、授業が盛り上がって、ほんといつも助かります」

言われた保護者はどう思うでしょう。
・うちの子は、学校で意外とちゃんとやっているんだな。
・今まで先生にそんなこと言われたことないぞ。
・今年のクラスはとても落ち着いているんだな。
たった一言で、勝手に想像してくれます。授業を見たわけでもないのにです。

保護者のネットワークは、教師が思っている以上にすごいです。よい噂も悪い噂もあっという間に広がります。

その割に、教師にはどちらも耳に入ってこないことが多いです。耳に入ってくるということは、相当の人がよくも悪くもその情報を知っていると思ったほうがよいでしょう。

連絡帳に質問があった時はどうしたらよいでしょう。保護者から連絡帳で、「〇〇のときの持ち物を教えてください」と書いてあったとしましょう。

「ご連絡ありがとうございます。〇〇を持ってきてください。わかりづらかったので、学級全体にも学級通信で知らせます。ありがとうございます。Bさんは、最近休み時間楽しそうにおにごっこをしています。みんなをまとめてくれて、とても助かります」

質問とは、関係ありません。「よいところを教えてください」なんて書いてありません。でも伝えるのです。それは、保護者は本当に学校で何があったのか知らないからです。子どもを通じて入ってくる情報は、どうしてもネガティブなことが多くなります。そして、子どもは自分が親に心配をかけそうなことや都合の悪いことは話しません。

だから、教師は常にアンテナを張って良いところを探します。保護者にいつ会ってもいいように準備します。職員室などで、子どもの名前を言い合ってよいところを見つけるゲームなんてすてきです。職員室の雰囲気までよくなりますからね。

子どもたちのよいところを見つける癖は、自分の心を豊かにし、保護者の信頼を得ることができます。会ったら、すぐ子どものよいところ。口癖にしていきましょう。

ルール30 【保護者対応】電話・連絡帳で保護者によいことを伝える

前項に続いて、「お休みなどで電話がかかってきた時」も、具体的にイメージしてみましょう。私はいつもこんな感じで対応しています。

P「Aの母です。お忙しいところすみません。本日熱があってお休みします」
T「承知しました。お大事にしてください」

ここまでは、普通ですね。

時には、「電話じゃなくて連絡帳で欠席連絡する約束じゃないか」とイラッとする人もいるかもしれません。イラつきは必ず伝わりますから、絶対にそんなことを考えながら電話を受けてはいけません。

さて、ここからが普通と違うところ。

T「Aさん、最近、授業中の姿勢が素晴らしくて。いつも授業準備も早いんで助かります。ご家庭でもですか?」
P「そうなんですか。家ではダラダラしているのですが。学校のおかげです」
T「いえいえ。ご家庭での教育が素晴らしいんだと思います。ではお大事にしてください」
P「わざわざありがとうございました」

ただ、保護者から欠席連絡が来ただけなのに、保護者から感謝される。この小さな積み重ねが、保護者の信頼を得て、協力を促します。そしてクレームがないため早く帰れるということにつながっていきます。

そもそも、教師一人でつくる学級ではないのです。子どもたち、保護者、教師、みんなで教室をつくる感覚をもてば、一人で頑張る必要はありません。そうすれば、全部一人でやるという考えがなくなりますから、早く帰れますね。

ですが、連絡帳や電話が来ない家もたくさんあります。連絡がある家庭の子ばかり褒めているのもあまり公平ではないです。どうしたらよいでしょう?

電話してしまえばよいのです。連絡帳に書いてしまえばよいのです。相手からの質問がなくたって、連絡してよいのです。

私は、連絡帳に毎日明日の予定を書かせています。そこに私のサインやスタンプなどを押します。

持ってきた連絡帳に、1日3人、保護者に向けたその子の最近の良いことを書きます。

「最近毎日率先して教室をきれいにしてくれます。とても助かります」
「毎朝、大きな声で挨拶してくれます。私が元気になります」
「最近、毎日給食完食しています!」
「今日、久々に発言できました。すごいです!」

なんでもかんでも褒めればよいわけではありません。給食のことや発言のことなどは、保護者がそのことに課題意識をもっていない状態なら、あえて書くことで「我が子はあまり発言していないのかしら？」など、逆に不安を煽ってしまうこともあるからです。保護者が課題意識をもっていることが改善されたらすぐ連絡帳に書く。些細な事でも伝える。保護者とのネットワークを強くすることにつながります。

ここまでは行き過ぎかもしれませんが、子どもたちがつぶやいてくれたことはすぐ連絡帳に書きます。「お母さん今日誕生日なんだよ」と教えてくれたら、その日の連絡帳には、ちょっと凝ったイラスト（マリオとかドラえもんが多いです）を書いて、「お母様お誕生日おめでとうございます！」と書きます。保護者も似顔絵返しをしてくださる方も多いです。「明日ピアノの発表会なんだ」と聞いたら、また同じようにイラストを書いて「ピアノの発表会頑張ってね」と書きます。連絡帳の使い方も、使い方次第で保護者とのコミュニケーションツールとして大活躍します。

自分の子が褒められて、うれしくない親はいません。我が子の学校の様子は全くといっていいほどわかりません。だから、具体的場面を伝え、褒めていくことで関係がよりよいものになっていくと思います。

ルール31 【保護者対応】課題を伝えた後は、すかさずよいところを3倍で伝える

そうは言っても、いいことばかり伝えることは難しいです。子どもたちには課題もありますから、課題をしっかり伝えることも大切です。

課題を伝えるときに最も大切なこと。**「聞いている保護者の立場になって伝える」**ということです。課題を伝えられていい気持ちになる保護者はいません。誰もが少し嫌な気持ちになります。

しかし、それも伝え方です。まずは、課題の伝え方を考えていきましょう。

「Aさんは、最近友達のことを叩いてしまうのです。ご家庭ではどうでしょうか？」

「Aさんは、授業中立ち歩いてしまって、友達の迷惑になっています」

聞いている保護者はどんな気持ちになるのでしょうか？　とても嫌な気持ちになること

は目にみえています。

「うちの子がそんなことをしているなんて。どうすればよいのだろう?」

「申し訳ないな。家で厳しく叱ろう」

このように考えてくださる保護者はよい方です。しかし、この伝え方だけだと、矛先は教師に向く可能性もあります。

「それを伝えたからって、先生は私にどうしてほしいんだよ」

「うちの子が落ち着かないのは、先生の授業力が低いからじゃないのか?」

「先生のこの間のプリントも急に返されたしな」

保護者の思考は、課題を伝えられると最初は我が子の課題を直さなくてはと考えますが、そのうち、教師や学校の批判になっていきます。

そう思っていても、**教師や学校には伝えない家が9割。伝えてきたとしたら、相当まずい状態だと考えた方がいいと思います。**

そして、課題は必ず、電話か直接会って伝えましょう。連絡帳で書くなんてご法度です。ベテラン先生で落ち着いているクラスは、こういうところが上手です。年が上になればなるほど言いやすくなっていきますが、最近の保護者はどんなにベテランの先生でも上からものを言えば、反発するだけです。

文字には残さない。あとで、証拠のようになってしまいますし、やはり課題は文字にして残したくないものです。

さて、ではさっきの言い方をどう変えていけばよいでしょう。

T「Aさんは、最近友達のことを叩いてしまうのです。ご家庭ではどうでしょうか？」

↓

T「Aさんはとてもよく頑張っています。先日の全校集会での司会もとても立派でした。ただ、最近なんだかイライラしているようなんですが、何かご家庭で思い当たることはありますか？」

P「ええ。最近は寝るのが遅いのと、私が忙しくてあまり構ってあげていなかったと思います」

T「お忙しいですよね。そんな忙しい中来ていただきありがとうございます。実は先日Bちゃんを叩いてしまったことがあったんですよ。普段ならそんなことしないAさんですので何かあったのか聞きたくて」

随分印象が違うことがわかるかと思います。悪いことをしたから、子どもを厳しく叱らなくてはいけない、保護者にしっかり伝えて反省してもらわないといけないという考え方は間違っています。「どうしたの？」と相手に興味をもつ姿勢が大切です。その考えは前著『教師のための叱らない技術』（庄子寛之・原潤一郎 著・明治図書）に書きましたので、もし本書をおもしろいと思っていただけたら読んでいただきたいと思います。

この後、保護者が反省モードになっていったら、すかさず具体例で褒めます。

「Aさんは、先日は友達の良いところをたくさん見つけて話してくれました」

「Aさんがいると、給食の準備がすぐ終わります」

「この間まで苦手って言っていた計算も、スラスラ解けるようになりました」

「笑顔がすてきですよね。お母さんの育て方がよいから、あんなすてきな笑顔がでるんでしょうね」

課題を意識してもらうことも大事ですが、伝えた後、3倍褒めます。結局その面談は、課題も覚えてもらいますが、良いところもたくさん覚えてもらいます。そうすることで、保護者の気持ちも穏やかになり、最終的には課題も消えていくものです。

ルール32 【保護者対応】宿題をパターン化する

何度も言ってくどいようですが、保護者は学校での我が子の様子が一切わかっていないと言っても過言ではありません。

だからこそ、情報提供は喜ばれます。保護者を味方につけるということは、情報提供を上手にするということなのだと思っています。

その中で、保護者が毎日の生活で行わせなくてはいけないことの一つに「宿題」があります。

「今日の宿題は終わったの？」

「そもそも宿題はなんなの？」

「こんな宿題があったなんて知らないわよ。寝る時間遅くなっちゃうじゃない」

どの家庭でも聞かれるような会話です。我が家でもよく飛び交っています。しかし、意外にも教師は、こんな会話が飛び交っていることを想定しないで宿題を出しています。私も小学生の親になるまでは意識していませんでした。
何の宿題があるかわからないと、保護者の第一声は、
「今日の宿題はなんなの！」
という、強い口調になりがちです。これは、保護者にとっても子どもにとってもよくありません。よくない親子のコミュニケーションを、学校からの宿題というものでつくってしまいます。
だから、宿題に出るものをパターン化します。
私のクラスの宿題は、毎日音読があります。それプラス、
月曜日　読書15分以上
火曜日　イメージマップ
水曜日　プリント
木曜日　プリント
金曜日　お話大好き
と、なっています。週1回、作文の日もあります。「この子は月曜日」などと決まっているので、作文も宿題として出す日がパターン化しています。

学校の授業中にできなかったものを、宿題にする先生もいますが、これは大変危険です。終わっていないものが、膨大にあった場合、それを終えようと家では何時間も宿題をさせます。

その宿題をすることで、保護者も子どももひどく疲弊します。そして、そんなに一生懸命にやったのに、先生からはスタンプだけだったり、出さなくてよかったりします。保護者の教師への信頼が低下するのは言うまでもありません。

「宿題」というツールは、保護者と密につながっているツールなのです。だから、宿題のやりやすさはとても大切です。

宿題を決める上で大切なことは、「計画性」と「柔軟」さだと思っています。

「計画性」とは、保護者も子どもも教師も、今日の宿題は何かわかるということです。曜日を決めるやり方もよいですし、「毎日音読と漢字と計算プリント」というように決まっているのもよいかと思います。

計画的に決めたら、その計画に無理がないか考えましょう。

時間がかかる子だと、何時間もかかってしまう宿題はよくありません。

そもそも宿題で身につけさせたい力はなんでしょう?

宿題でつけさせたい力は、**習慣力**です。もちろん学力もありますが、学力を宿題で補うのは本来あるべき姿ではないと思っています。学力は授業でつけさせるのです。宿題はあくまでそれを補佐するものだと思っています。

次に「柔軟さ」です。宿題は、計画的に決めすぎると、明日までにやらせたいことを家でやらせられなくなってしまいます。

例えば、「明日算数のテストがしたいから、今日は復習プリントを出したい」という場合があります。「いやいや今日の宿題は国語プリントと決めているから、出せないよ」というのでは柔軟さがありません。

そこを柔軟にするために、まず、プリントという大きな枠にしています。プリントの日は、国語でも算数でもよいのです。また、プリントが宿題ではない日にプリントを入れたい場合は、その日に取り組む予定の宿題を抜きます。火曜日にプリントを入れた場合は、イメージマップをなくします。

「宿題は、音読ともうひとつしかない」ということが定着しているので、保護者も子どももわかりやすい宿題になりつつ、柔軟性ももたせています。このようなことも保護者を味方につける一つだと思っています。

【お話大好き】

お題は毎週替わります。学校でお題について書き、家庭で家の人に話したら、左のワークシートにスピーチの評価をしてもらい、感想を書いてもらいます。感想は月曜日にそろうので、そのいくつかを火曜日の学級通信に載せるということを続けています。

保護者は学校のことをほとんどわかっていません。学級通信などのツールもありますが、一番よいのは子どもの直接の声です。「お話大好き」を行うことで、保護者と教師の信頼関係を築くことももちろんながら、子どもと保護者の関係も良好にしていきます。私にとっては、学校、保護者、子どもの教育活動を連携していく大切な宿題です。

お話大すき

4年　組　名前＿＿＿＿＿＿＿＿

ぼく・私は、今日「　　　　　　　　」について話します。

<話すこと>

・

・

・

落ち着いて話をすることができた。	
聞いてくれる人の目を見て、話すことができた。	
分かりやすく話すことができた。	
1人で1分以上、話をすることができた。	
質問に分かりやすく答えることができた。	

<お話大好きをやった感想>

<保護者の方の感想・サイン>

【イメージマップ】

一つの言葉から、さまざまな言葉を想像することは、とても大切です。正解はないので、子どもたちは楽しんで周りに語句を書いていきます。下の写真のように、書ききれないほど書いている子もいます。

これからの時代に必要なことは、一つの答えを見つけることだけではなく、答えのないものの中から可能性を探していくことだと思っています。CM好感度ランキングで長年上位のCMは携帯電話会社のCMです。携帯電話と犬や桃太郎は、本来関係ありません。しかし、これからの時代はこのような発想力が必要となってきます。そのためにもイメージマップは有効だと考えます。

この写真は自分について振り返っているものです。こんな風に自分を見つめ直すこともできますね。

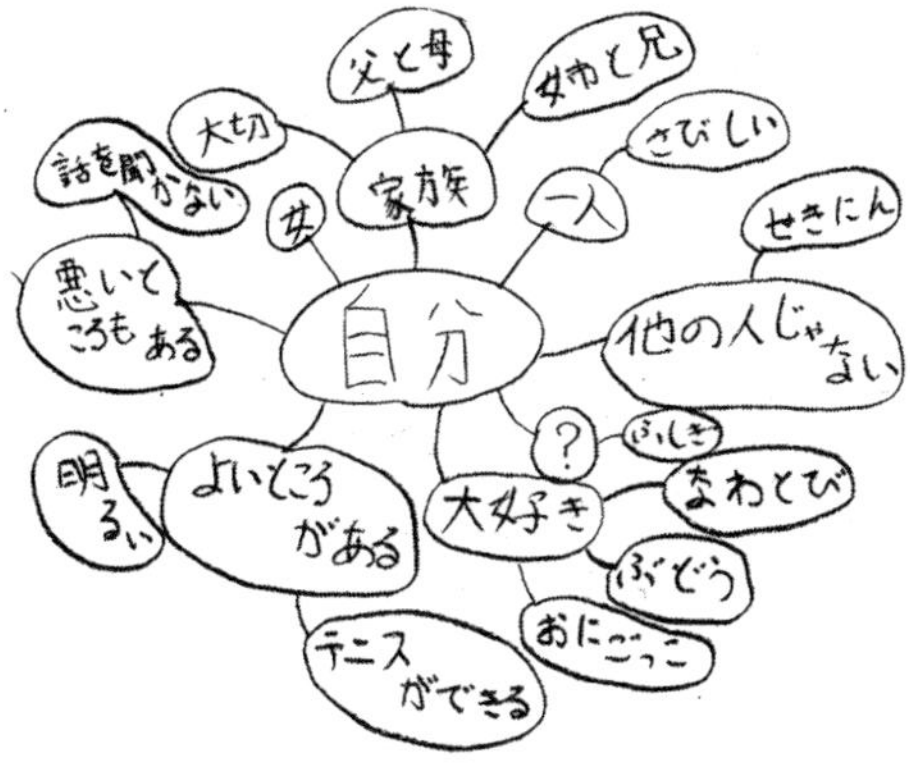

ルール33 【会議】会議の中身の時間を指定する

私もようやく中堅になり、学年主任や研究主任を任される年も増えてきました。そうすると、自分が中心になって会議を進めていくことも増えてきます。

そうなった時、一番大事なことは、職員みんなの時間を大切にすることです。

教師は話が長いと言われます。子どもの前で、いつも話しているのですから、そうなってしまうのは仕方ないことかもしれません。しかし、子どもの前でも教員同士の中でも、話す時間は少しでも短くしていく必要があります。なぜなら、聞いているだけの人よりも、話している人の方が、主体的に学んでいるからです。

会議は上から下の先生への伝達事項ではありません。みなさんに考えてもらいながら、よい会議にしていく必要があります。

よい会議にしていくために必要なことは**「会議の中身の時間を指定する」**ことです。

15時からの会議が決まっていたら、15時45分には必ず終わるように計画します。そのために、15時ぴったりに開始できるよう、準備をしましょう。

ここで、15時ぴったりに来られない先生にイライラしないこと。イライラしていると、よい会議にはなりません。

遅れてきた先生も、子どもたちの間に何かあったかもしれません。他の先生のために何かしていたのかもしれません。何より、そこでイライラしてしまうことは、会議を主催しているあなたのためになりません。

15時から開始できたとして、15時45分に終わるためには、伸びることを考えて40分までに終わるように考えます。私は、紙で、この40分のタイムスケジュールを式次第のように出します。

会議が伸びそうになっても、時間で区切ります。次の議題に行きます。これができるのは、会議の時間を指定した人にしかできません。若手は言うことができないですから、恐れず企画した人がいうべきです。

私は学年会などでは次頁のような時間付きの紙を出します。これをつくるのに時間がかかってもいけないので、こんなに簡単なものです。

学年会レジメ

今日は、議題が多いので、定時に
始められるようにしましょー！
時間は延長しないので♪
GREAT!

開始　14時45分　厳守

来週の予定（10分）しょーじ

水泳について（10分）　○○
・ルールの確認
・着替えの場所

授業改善プランについて（10分）　○○
・いつまでに何をするのか？（別紙）
・教科の割り振り
・しめきり　　　　　　　まで

所見について（10分）　○○
・各教科ではどう書くか？
・評価規準
・通知表「あゆみ」

話し出すときりがないので、概要
だけ。詳しくは、会終わってから
職員室で話しましょう♪
GREAT!

最近の○組（5分ずつ）

15時35分から
夏休み集まる日の日程調整

終わり　15時45分　厳守！！

時間は誰にも、平等に与えられています。しかし、会議の時間が長すぎてしまうと、若手は教材研究する間がなく、退勤時間になってしまいます。そこから仕事をするのですから、遅くなるのは当たり前です。

もし、あなたの残業時間が、隣の先生より少ないのであれば、あなたが早く帰れるエネルギーを隣の先生のためにも使ってあげるべきです。

私は早く帰ることができているので、このエネルギーを職場全体に使えるよう現在努力中です。しかし、すぐには変わりません。

そして3章に書いていますが、**遅く残ることが嫌いではない人には、早く帰る努力をしてもらわなくていい**と思います。むしろ早く帰らせようとすれば、それは好きなものを取り上げることと一緒ですし、あなたがそれをすることは、職場をよくすることとは正反対のことになると思います。私も朝早く学校に行っていますが、働きすぎだから朝は8時に来てくださいと言われたらイラッとしてしまいます。

会議が時間通りに始まって、時間通り終われば、きっとよい職場になっていくはずです。職員みんなで取り組めたら最高ですね。

ルール34 【会議】次年度計画は変わるものであることを自覚する

ルール26（82ページ）に、教材研究は1時間1時間行わないことを書きました。これは教材研究に限らない話です。私は行事の計画でも、おおざっぱに年間→学期→月→週→日の予定を立てています。

3月の次年度計画の際、自分の担当の分掌は、一生懸命作成していることと思います。

まず、ここです。

計画は一生懸命頑張らない。

だって、計画は、だいたい直前に変わるからです。

3月に頑張った次年度計画。とても頑張ったのに、4月になり新しい校長先生が赴任。すべてが変わったという経験がある方も少なくないはずです。

そこまでではなくても、3月に完璧にした学芸会の計画も、10月に提案する頃になると、

「なんで、これってこうなっていたんだっけ？」

「え？ここは例年通りです。反省もありませんでした」

「でも、やっぱりここって変よね。新しく来た○○先生。前任校はどうでした？」

「ここは、こうではなく、こうなっていました」

「そうよね。うちの学校いつもやりづらかったわよね。庄子先生、ここは今年からこうしましょう。なおしておいてね」

「………」


こんな経験をしたことがあるのは私だけではないはずです。

若いときは誰もがこんなことがあったはず。私は今でもありますから、若いときだけでもないと思います。

主任になれば、教務から。教務になれば副校長から。副校長になれば校長から。校長になれば、教育委員会や地域から。

計画はあくまで計画。変わって当然。そう割り切りましょう。

そんな簡単に変わってしまう計画。変わってしまうのに、そんなに夜遅くまで一生懸命作成する必要がありますか？
あなたが睡眠不足になってまでやった計画は、ある時あっと言う間になくなってしまう可能性があるのです。そのために、教材研究がおろそかになっているとしたら、その被害者は子どもたちであり、子どもとの楽しい時間を無駄にしたあなたです。

じゃあ、手を抜けばよい、という訳でもないのです。

仕事はとにかく早く行うことを優先します。

人間は、「締切」というものがあると頑張れます。「締切」が1週間後のものは、今すぐやろうと思いますが、1ヶ月後のものは今すぐやらなくてもいいかななんて思います。

締切を明日だと思う。

そうすると、すべての仕事が早く行えます。
でも、何でも明日だと思ってすぐできるわけではありません。
そこで大事な「あきらめ」をここで使います。

とりあえず、10分手をつける。

完成しなくてもいいから、やる。

少し手をつけたものは、次回やるとき何も手をつけていない状態からやるより時間が半分で済みます。

嫌なものほど、手をつける。少しでもやることで、早く行うことができます。


計画を頑張りすぎない。

変更するものだと、思っておく。

その考え方が、あなたの気持ちにゆとりをつくり、少々のことではイライラしないようになります。

頑張るから、その結果がでないとイライラする。

その積み重ねで、仕事がたまります。

会議も一緒。変えられるのは自分。周りは変えられない。自分の考え方を変えることで、仕事の準備の仕方も変わり、会議の準備時間もあっという間に短くなります。

ルール35 【評価・所見】毎日評価する

成績の時期が忙しい。

教師なら誰でも言いますし、教師以外の人もそう思っているようです。

本当にそうですか??

そもそも、1時間1時間評価しているのではないでしょうか??

学期末に急に所見を書くこと自体、変ではないでしょうか??

私が言っていることは、正論だと思います。管理職の方で言う人もいます。

そうは言ってもできないで、学期末に評価してしまうのが、担任だと思います。だって、いろいろあります。机上の空論だと言う人も多いと思います。

私の妻は、高校の教員ですが、成績の時期は夜中まで残って採点しています。中高の先生は、部活もありながら、成績の時期には300人以上のテストの丸つけと評価ということで、本当に忙しいなと見ていても思います。

なぜ忙しいのかといえば、中学校・高校は、中間テストと学期末テストがメインになるので、この時期にしか丸つけと評価ができないことがあるからです。

さて、小学校はどうなのでしょう?

テストの丸つけは、ルール21（64ページ）にも書いたとおり、授業時間に行うことができます。

ほぼ毎時間一緒にいるので、小さな変化にも気づきやすいです。

中学校・高校と違って、30人前後の特定の子たちと接することができます。

ここまで条件が揃っているのに、日々が忙しいという理由で学期末に成績をつけるのは、やっぱり変だと思うのです。

私は、毎日5人所見を書くようにしています。もちろん、全文ではありません。今日一番力を入れた一つの教科にしぼって、5人書いて帰るということを積み重ねています。

あっと言う間に総合所見に書きたいことはびっしりになります。

しかし、たくさん書けている子がいる反面、ほとんど書けていない子が出てくるのです。

この子は、課題のある子ではありません。目立たない静かな子が多いです。

でも、それがわかったということは、チャンスです。その子と積極的に話すようにすればいいのです。きっと、今まで積極的に関わっていなかったことと思います。静かなので、話しかけても来ないし、教師も話しかけていなかった。問題もないから特に注意してみていなかった。

そういう子が、大学卒業した時に、やりたいことがわからないと言って一番困ってしまう子だと思っています。だから、一番見てあげなくてはならないのです。

毎日評価をしていると、そういう子を学期途中に見つけることができます。それは、教師にとってもその子にとってもとてもよいことです。何度も言いますが、これは毎日評価していなくては気づけなかったことです。

毎日評価する必要性はわかっていただけたかと思います。次は、毎日評価するためにどうすればよいかということです。

まずは、帰る前に15分、時間を確保しておくということです。どんなに疲れていても寝る前に歯磨きをすることと同じように、どんなに急いでいても帰る前に5人評価すると決めておけばできるようになります。

しかし、ここには今まで書いてきたとおり、「意志の力」を使って、自分の習慣にするということが大切になってきます。習慣にするためには、「意志の力」をできる限り使わないようにして、習慣にする必要があります。

そこで、学年の力です。学年全員で、今日の振り返りの時間をつくるのです。これは、初任の人も行うことができるし、一人だとついついさぼってしまうことを、学年で行うことで時間を確保することができます。

一つの学年がやり始めると、他の学年もやり始めます。学校全体で毎日評価する文化ができます。学校全体で毎日評価する文化ができると、成績の時に忙しい先生が減ります。個人だけでなく、学校全体がプラスのサイクルに回っていくことができるのです。

毎日評価する。単純で、とても難しいことです。隣のクラスの先生と一緒に始めて、自分も周りの先生も元気にできたら最高です。私も、みなさんにも伝えていきたいと思います。もちろん、謙虚な姿勢を忘れずに…。

ルール36 【行事】昨年度の計画に文句を言わない

たくさんの具体的な時短について書いてきました。

しかし、最も時間がかかることは、行事ではないでしょうか？

運動会や学芸会、展覧会、入学式、卒業式……。どれもとても時間がかかります。

教師は、それを通常授業を行いながら行うのですから、行事の時期に忙しくなるのは当然です。

私は、教師人生の半分くらい運動会委員長でした。特に教員生活前半に固まっているので、教師10年目くらいまで毎年運動会委員長だったと言っても過言ではありません。

運動会委員長をする中でも、掛け持ちをします。例えば、リレーの担当との掛け持ちだと、給食時間中に練習をすることなどがあります。これも、全国どこでもあることではないでしょうか？

始業前や休み時間だけでなく、給食の時間までとられる運動会の時期は、子どもも大人も大変です。子どもたちが落ち着かなくなったり、教師が自分のせいなのに無駄にイライラしたりして、遅くまで残るということもよく見られます。

行事の際に大事なことは「昨年度の計画に文句を言わない」ということです。

え？　昨年度の計画に不備があってもですか？

はい。それは今年度の反省にして、来年度改善していきます。

運動会あるあるとして、反省はでているのだけれども、運動会が終わると忘れてしまって来年度も同じ繰り返しをするということです。そんなことで、職員間で議論している時間はとってももったいない。こっそり変えて提案してしまいましょう。

職員みんなで議論したいと思うこと以外は、議論しない。

時間の無駄です。

しかし、これを変えると○○先生が絶対気づく。そんなときは勝手に変えないで、○○先生の様子を見ましょう。大丈夫そうだったら、議論なしで勝手に変更です。

勝手に変更する際にもポイントがあります。

一つ目は、勝手に変えたことにほとんど気づかれないようにすること。

二つ目は、誰もが損をしないこと。

行事は、子どもも教師も、保護者も地域もみんながハッピーになるために行っているのです。

目指すところはみんな一緒。だから、ああでもないこうでもないと議論する。

でも、そこを楽しめればよいですが、楽しめないのであれば、その時間は少しでもカットしていくことが大切です。

昨年度の計画に文句を言わない。

計画があまりに変なら、議論せず、こっそり変える。

全体の雰囲気を見て、みんながハッピーになれる方法を探す。

ここまでできたら、最後は。

行事を楽しむ

ということです。

なぜ教師になったのですか？　行事まで、やりたくないのですか？

早く帰らないで、その行事を子どもたちと楽しもうという気持ちにしませんか？

行事の時間は、教師にも余裕がなくなります。

「忙しい、忙しい」ではなく、その忙しさを楽しんでみませんか？

事実というものは存在しない。そこに解釈があるだけだ

ニーチェの有名な言葉です。

ニヒリズムで有名なニーチェの言葉だからこそ、私はとても大切にしています。

行事があり、夜遅くまで展覧会の掲示をしたこと、初めての六年学年主任で呼びかけのセリフを徹夜で書いたこと、学芸会の台本を自作したこと。

どれもすごく時間がかかりましたが、あれがあるから今の私があると言えます。この原稿だって、ときどきアイデアが出てこなかったり、締切と校務に追われてつらかったりするときもありますが、解釈を変えればとても楽しい仕事です。

忙しさは、絶対自分のためになっているのです。

すべてが自分のためになる。

行事のときは、あきらめと楽しむ気持ちが大切になってきます。

ルール37 【日常生活】早起きの習慣をつける

働き方を変えるためには、朝型の生活をすることが大切です。

私が本書を書いている時間は、ほとんど朝の4時半から5時半の1時間です。それが、3ヶ月ほど積み重なってできあがっています。もちろん、退勤後の喫茶店や、土日の早朝の喫茶店もありますが、ほとんどが朝です。


朝の良いところはなんといっても、**取り組める時間に限りがあること**でしょう。

人間は時間に限りがあるから、その時間まで頑張ることができます。限りがないと効率は悪くなりますが、限りがあるとその時間までに頑張ろうという気持ちが生まれます。原稿は、書けない時は本当に進みませんが、ゾーンに入ると10分で800字くらい書けます。そのスイッチを入れるのは、なんと言っても早朝です。このみなさんが寝ている時間を有効に使うことが、いろいろなことができるコツだと思っています。

「そうは言っても、早起きできないんです」

「大事なことはわかるけれど、なかなか続かない」

「意志が弱いんですかね」

よく聞きますが、そんなことはありません。誰でもできます。

まずは、習慣にするために、**より多くの人に宣言しましょう。**ＳＮＳ等をやっている人は、そこで宣言してもよいと思います。妻や恋人、家族に宣言することも大切です。やめられないように紙に書いたり、宣言通りできた日のカレンダーに○をつけていったりすることなども有効です。

最初は、「意志の力」を使います。（42ページ参照）「意志の力」には限りがあります。例えば、24時に寝たのに、４時半に起きるのはたくさんの「意志の力」を使わなくてはなりません。

それに対して、21時に寝て４時半に起きるのは、７時間半も寝ていますのであまり意志の力を使わずにすみます。意志の力をできる限り使わずに習慣化するまで繰り返します。

すると、面倒くさいことも、毎日歯磨きをするようにできるようになります。

私は学校に6時半頃着きます。子どもたちが来るまで約1時間半。この時間で何ができるのか見通しを立てて仕事をします。先程も書いたとおり、やれる時間に限りがあると、人間はいつも以上のことができます。この辺が毎日17時に帰れるポイントかもしれません。

「結局早く行って仕事しているなら、働き方改革じゃないじゃないか！」

「朝早いからできるんですね。私は子育てがあるから無理だわ」

そんな声が聞こえてきそうですが、別に行かなくても早く帰ることはできると思います。ただ、私は教師としての仕事が好きですし、家でやるようなことを朝学校に行ってやっているだけということもあります。

何より、朝早く学校に行っていると、職員のためにやれることが増えます。

大雪の日は雪かき、校庭がぬかるんでいる時は水かきもできます。隣のクラスのために印刷することもできますし、お湯を沸かしてみんなの分のお茶を入れることもできます。

人のために行動すると、朝から自分が幸せな気持ちになります。

幸せな気持ちで朝を迎えると、その幸せが子どもに伝染します。

子どもに伝染した幸せは、結局は自分に帰ってきて、よい学級運営につながります。

よい学級運営ができれば、早く帰ることにつながります。

早起きの習慣が、どれだけよいかわかっていただけたでしょうか？

この早起きは、正直昔からできていたのですが、その中でも大学ラクロス部に入っていたことが影響を受けています。

ラクロスというマイナースポーツは、グラウンドを確保することが難しく、いつも7時から9時で練習していました。大学までは急いでも1時間。5時に起きて6時に出る生活は、大学生から今までずっと変わりません。

人間には、誰でも平等に24時間が与えられています。その24時間をどう使うかは自分次第。1章にも書きましたが、**24時間しかないけれど、24時間もあるのです。**毎日を有効に使うことができれば、もっともっと自分の可能性を広げることができると思うのです。

働き方を変えるために、まずは早起きの習慣づくりに挑戦しましょう。達成するには、多くの仲間を集めて一緒に達成することが近道です。これを読んだ今、明日は何時に起きるか決め、誰かに宣言しましょう。そのまま一緒にやってくれる仲間がいたら最高ですね。

ルール 38

【日常生活】必ず予備の時間をつくる

ルール3（18ページ）に「スケジュール管理はゲームだ」と書きました。ここでは、より具体的にスケジュールを立てていきたいと思います。ぜひ手帳をもったり、最近の1日の流れをイメージしながら、読んでいただきたいと思います。

89ページに、私のスケジュールを書きました。

別に、ここが素晴らしいと自慢できるところは一切ありません。むしろもっと家にいるべきだと思いますし、子どもとの時間をもっとつくるべきだと思っています。

しかし、私は、このスケジュールを毎日同じペースでこなすことができています。ある意味、無意識のレベルで行えているかと思います。そこが唯一誇れる点かと思います。

「けっこう、過密スケジュールだね」なんて言われますが、見てみるとそう言われればそうかなーと思う程度です。本人である私は、そんなに過密スケジュールだとは思わず、毎日を過ごしています。

このスケジュールを無意識に行うコツは、コツコツ毎日同じことを繰り返すことです。当たり前ですね。

コツコツ毎日行うのには、「意志の力」を使います。意志の力を使いすぎないように、できた日はカレンダーに印をつけます。これで、自分の中で達成感が生まれます。その積み重ねが習慣になっていき、「意志の力」を使わなくなります。

細かく見てみると、他にもいくつか特徴があります。

一つ目は、朝型であること。

寝ぼけているときに物事を考えることは、実はとても効率がいいのです。眠ければそのまま5時30分までは寝ることもあります。本を読んだり、仕事が一つ終わったりすると、達成感にもつながります。

この1時間は、ゴールデンタイムです。たかが1時間ですが、されど1時間。この積み重ねが1年経つと365時間になり、大きな成長となります。

二つ目は、予備の時間をしっかりとっていること。

前日寝るのが遅くなれば、5時30分まで寝ます。スケジュールにゆとりをもたせているのです。

朝早く学校に行くことも予備の時間です。早く行くことで、臨機応変な対応ができるようになります。雨漏りしていたり、雪が積もっていたり、校庭がぐちゃぐちゃだったり、やることはたくさんあります。

学校のために行動する時間があることはとてもいいことです。これらはあまり朝に余裕がないと、

「あー。あの準備をしたいのに、雪かきをしなくてはならないのか」

という気持ちになってしまい、自分にとっても、他の職場のみなさんにとっても、よくありません。そして何より、その後一緒に授業をする子どもたちのためになりません。

そこを、朝早く学校に行くだけで、

「今日は、朝から学校のためにいいことをしたぞ！」

と、気分が明るくなれます。

同じ事実でも、捉え方が違うだけでいい気持ちにも悪い気持ちにもなるのです。それなら、いい気持ちになった方がよいですよね。

三つ目は、家族との時間をしっかりとるということです。

私の妻も高校の体育の教師をしていますが、いわゆるママさん先生です。私が研究会などで帰ってこない時は、すべて子育てを行ってもらっています。私はスケジュールにも書いた通り大学院に通っているので、17時に職場を出ても、早くても20時までは家に帰ってきません。

だからこそ、必ず家事はやります。どんなに遅く帰ってきても、皿洗いと洗濯物干し、朝の息子との勉強だけは欠かさずやります。感謝の気持ちを忘れないことは私にとっても家族にとっても大切です。

スケジュールを確立し、無意識にできるようにしてしまえば、1日は24時間ではなく、26時間くらいになります。本当にそんな感覚です。ぜひ試してみてください。

ルール39
【日常生活】逃げられない環境をつくる

自習室での仕事ははかどるけれど、家でやる仕事ははかどらない。

そんな感覚ありませんか?

締切1日前のものは、集中してやれるのに、締切20日前のものはやれない。

そんな感覚ありませんか??

どちらも、「逃げられない環境」ということで、共通します。

まず、自習室の件を考えてみましょう。私はよく市の自習室を使います。高校3年生の時は、毎日朝から晩までいました。

この自習室は、一度入るとお手洗いなどを除いて退席することができません。3部構成になっており、昼と夕方に入れ替わりがあります。例えば10時に退席してしまうと、入れ替わりの12時まで入ることができないので、基本その席にずっといます。

つまり、これが「逃げられない環境」なのです。

家であれば、ちょっと集中力が切れたと思ったら、ソファーに座ってテレビを見てしまったり、家事をしてみたくなったりします。5分だけ休憩と思っていても、あっという間に30分、1時間となってしまい、「今日はやらなくていいや」となってしまいます。

それに比べて、先ほどの自習室はどうでしょう。集中力が切れたときにやることは、伏せて寝ることです。この自習室は伏せて寝ることは許されているので、（私が勝手に思っているだけかもしれませんが、みんな寝ています）飽きたら仮眠します。

仮眠は、とてもよいです。熟睡しているわけではないので、様々な今日やるべきことを思い出させてくれます。仮眠のときにパソコンと脳みそをつなぐ機械があったら、もっといろいろなことができるのにと、本気で思います。

仮眠は、姿勢も楽ではないので、せいぜい20分もすると起きます。この後の10分の集中力と言ったら、素晴らしいの一言です。休んでいたからやらなきゃという気持ちになり、集中して行うことができます。

そこでもやる気にならなかったらどうするか？

また寝ましょう。

以前は、机の上でゴロゴロしているのは、仕事が進まないからよくないと思っていました。そんなことはないのです。人間、休まないと何か行動することができません。アイデアが浮かばない時や、やる気にならない時は誰にでもあるのです。

だから、休むことも、仕事をしているうちです。むしろ積極的に休んでいるからこそ、よい仕事ができるのだと思います。

休むことに罪悪感がなくなれば、積極的に休むことができます。逃げられない環境で休むと、その倍の時間、仕事をしようと思えます。何度も繰り返しますが、**仕事=やるべきこと、やりたいことですけれど、仕事=嫌なことではありません。**

次に、締切20日前にやる気がでない件について考えていきましょう。

締切1日前=逃げられない環境

締切20日前=逃げられる環境

だから、締切ギリギリにやって、自分の首を締めてしまうということはよくあること。

締切が重なると、夜遅くまで働かなくてはならなくなるというわけです。

教師には、いろいろな調査や締切がたくさんあります。その処理に追われていると、本業の教材研究が疎かになります。その状態で授業を行えば、おもしろい授業はできなくなります。子どもが落ち着かなくなり、保護者からの電話がかかってきて、さらに時間がなくなります。

この負の連鎖だけは、つくらないようにしなくてはなりません。

そのためにどうすればよいでしょう?

一番は、とにかくすぐできるものは、締切前でなくても、**すぐやってしまうこと**だと思います。これは、締切1日前と、勝手に決めてしまいます。

自分で思い込みをつくる。その中で、今やらなくてはいけないことが何か常に考える。

そのためには、もちろんスケジュール管理も大切です。自分の中で、逃げられない環境をしっかりつくることで、自分の力以上に仕事をこなすことができるようになります。そうすれば、早く帰れるようになるのは予想がつきますね。

自分の生活を見直してみて、逃げられない環境はいつつくれるのか考えてみてください。

一つでも二つでも見つけられたら、早く帰れる日が増えるはずです。

ルール 40 【日常生活】「計画」「結果」「ふり返り」のサイクルを回す

奈良に、若いのですがスペシャルな教師「とっくん」がいます。とにかくやっていることが多すぎるのです。様々なところに顔を出しています。

私は東京の教員ですが、とっくんと東京で会うときが少なくとも月一回はあります。専門すら違うのに、こんなに会うのは異常です。

そんなとっくんがどうやって時間を生み出しているのか聞いてみました。

はじめまして！とっくんです。普通の奈良の教員ですが、月に数回は東京に出てきて勉強しています。なんで、そんなに時間が作れるのか？といろいろな人に聞かれるので、私のやっていることを伝えたいと思います。

みなさんは、日々の仕事をやったらやりっぱなしにはなっていないでしょうか？

どんな仕事にどれくらいの時間をかけているか把握していますか？

仕事の効率を上げるためには、

昨日より今日、今日より明日と、日々少しずつ改善していくことが大切です。改善するための具体的な方法を一つ紹介します。

例えば、朝起きる時間から子どもたちの登校時間まで、下校時間から退勤時間までの時間を30分ずつに区切ります。

まず、30分ごとに取り組む仕事内容の「計画」を立てます。この計画が「軸」になります。計画は、前日に立てるもよし、1週間まとめて立てるもよし。とにかく、事前にやることを決めておくことが大切です。

決めておくと見通しがもてるので、余計な時間を使わず、すぐに仕事に取り組めます。やるべきこととゴールが明確になっていると、俄然やる気も湧いてきますよね。

次に、実際にその時間に取り組んだ仕事内容の「結果」を記録します。記録のタイミングはいつでもいいのですが、できればこまめにやるといいです。

そして、ここまで記録してきた「計画」と「結果」をもとに「振り返り」を行います。

この「振り返り」が一番重要です。子どもたちにも「振り返り」を求めますよね。同じ失敗を繰り返さないように、成長していくためには必要不可欠なことです。

問題なく予定通り取り組めた場合は特に記録しません（心の中でガッツポーズで時間短縮！）。はじめに立てた「計画」と「結果」のズレがあった場合は、そのズレの原因を考えます。もしかしたら、クリエイティブな仕事は朝にやった方が、効率がいいかもしれません し、作業的な仕事は放課後の頭が疲れているときにした方がいいかもしれません。

通勤時間に済ませてしまえること、子どもたちがいる間にやってしまえることもまだまだあるかもしれません。

このように、自分の働き方を可視化することがとても重要です。Excelを活用すれば、何にどれだけの時間をかけているのかというデータを出すことも可能です。もちろん、Excelでなくても、教務必携やスケジュール帳に手書きでも十分です。

どの先生方も「やりたいこと」と「やらなければいけないこと」が山積みで、とにかく時間がいくらあっても足りないという状況だと思います。そんな中でも、できるだけ効率をあげて「やりたいこと」に費やす時間の割合を少しでもあげたい。

これは、勤務時間内に限った話ではなく、プライベートにおいてもそうです。子どもたちには、生涯に渡って自分の手で幸せに生きていってほしいと願っています。そのためには、まずは自分自身がそのモデルで在り続けることが大切だと思っています。

5／7（月）

時間	予定	計画	結果	メモ
5：00		読書	Kindle で耳読	朝はやっぱり無理かな…とも思うが，しばらくチャレンジしてみる
5：30		一週間計画表	寝た	
6：00		学級通信	寝た	
6：30	出勤			
7：00			学級通信	
7：30			黒板メッセージ，今日の予定確認，印刷	
8：00	登校			
15：35	下校	ふり返りジャーナル		
16：00		学級通信	学級通信，学年会準備	
16：30		学年会準備	学年会	
17：00		学年会		
17：30		社会テストプリント	社会テスト前計画	
18：00		算数単元計画	明日の計画	
18：30		算数単元計画	算数単元計画	没頭して時間忘れていた
19：00	退勤		算数単元計画	

ルール 41 【日常生活】10分集中法を活用する

先に言います。

この10分集中法は、特許をとりたいくらい優秀な集中法です。

この集中法のおかげで、原稿が書き終えられたと言っても過言ではありません。

先にやり方を説明します。

①ストップウォッチを用意します。
②10分タイマーをつけて、10分間集中して仕事をします。
③10分経ったら、10分間休みます。
④10分後、もう一度10分仕事をします。

以上です。簡単ですよね。こんなことでできるのかと思われた方、ぜひやってみてください。きっと、驚くほど仕事が進むと思います。

この10分集中法には、科学的根拠があります。人間は60分勉強をさせるより、25分経ってから10分休んで、25分勉強させた方がより多く勉強でき、正答率もあがるというデータがあるのです。

勉強時間は10分も少ないのに、強制的に休んだ方がより多く正確に行うことができるのです。これってすごくないですか??

この実験結果を聞いて、自分流に編み出したのが、10分集中法です。

例えば、所見で考えてみます。

特に、なんだか気分がのらなくて、アイデアが出てこない所見を書くことを想定してみてください。授業が終わって疲れている中、なかなかやる気になりません。やらなきゃいけないからとパソコンに向かいますが、他の仕事が目について結局やらないで退勤しようとしたことは、誰でもあるはずです。

そこにタイマーをセットします。

すぐには押しません。もう、今すぐ打てる画面にしておいてからスタートです。できたら、始まる前にその紙に書いていた文字数を見ておきます。

タイマーを押して、10分間集中して所見を書きます。

絶好調の時は10分で８００文字くらい打てます。絶不調の時は１００字程度です。それでもよいので、机に座ってパソコンとにらめっこしていても構いません。

次は、10分休憩。ここで、10分タイマーをかけることを忘れないようにします。

さあ、９分経ったら、そろそろ準備。次の10分で何文字打てるか、自分との勝負です。自己新記録を目指して、打ち始めます。

そのうち10分が過ぎても、区切りが悪いからと言って、15分、20分と集中する時間が長くなっていきます。長くなったら、無理に休む必要はありません。

そういう時の自分には「がんばれ俺！」と第三者になったつもりで応援します（30ページ参照）。そうしている時、きっと勝手に手が動いていて、当の本人は疲労感もなく仕事が終わっていっていると思います。

しかし、そんな時間もいつかは終わります。終わったときも、必ず休憩は10分にすること。そうすれば、また10分後、自分というロボットが仕事をしてくれます。

10分集中法は、やる気がでないときに特に有効です。

「やりたくないなー」と思いながら、締切が近づいてきた原稿などでは、毎回この方法を取ります。この方法のよいところは、**「やらなくても机に向かえばよい」**という手軽さでしょう。

10分だけなので、集中して取り組めます。10分間で何文字打てるのかというゲーム感覚で取り組めて、結果も出るために達成感も生まれます。

そのうち夢中になって取り組んでいくので、自分でない誰かがやっている感覚に陥ることもできます。すると、嫌な仕事があっという間に片付きます。

苦手なことができると、さらに自己肯定感があがります。また、自分の能力があがります。すべてがプラスのサイクルに入ることができます。

苦手なことから逃げてしまうあなた。私もそうでした。ぜひこのやり方をやってみてください。キッチンタイマーがあるだけでできます。ない方は、携帯電話のタイマー機能でもちろんできます。

やりたくない仕事を早く終わらせられれば、早く帰れることにつながるのは当然ですね。その浮いた時間で、他の先生のサポートができたら完璧です。

Column

幸せな組織アンケート結果

早く帰るためには、教師同士が助け合うことが大切です。そのためには、すてきな職員室をつくっていくことが大切です。そのために、どんな職員室だったらいいか、職場の人に聞いてみました。

・会議、研修が精選されて、もっと先生同士の会話が増える。
・教師が教材研究に集中できる。
・子供の良いところの話をし合える。
・誰が休んでも回るように、学年主任が担任をもたない。
・職員室が、もっとリラックスできるような環境にリメイクできたらいい。
・一クラス30人学級の実現

教師の働き方に世の中が注目をしてくれています。みんなで声を出して、現状を変えていきたいと思っています。

3章

時間を生み出す「逆転発想」のルール

ルール 42 職員のためにやれることを探す

1章で考え方を変え、2章で具体的な行動を変えていきました。

3章では、一見時短とは関係なさそうだけど、実は時短のために大切なことを書いていきます。本当に時短を行いたいというのであれば、実は3章に書いてあることが最も重要だと思っています。

そもそも、目的地（時短を行う）に行くためには、最短ルート（自分一人が時短を行う）が一番近いとは限らないからです。

実は遠回り（時短ではないけれど、周りの信頼を得る・自分の調子を整える）の方が、早く目的地にたどり着くことも多いです。この章では、**自分が行っているむしろ時短とは逆だけれど、時短になっていること**をお伝えします。

ちなみに、私もこれができるようになったのは最近のこと。まだまだできていないこともあります。しかし、今まで最短ルートで行こうとしかしていなかった私が、3章のような考えをもつようになって、時間だけでなく自分の心にも余裕が生まれました。

さて、一つ目は、「職員のためにやれることを探す」です。

自分のことを後回しにして、職員のために行動する。これは、むしろ時短とは逆ではないかと思われがちです。

しかし違います。自分のクラスだけでいい、自分だけが早く帰れればいいという時代は終わりました。むしろ、まわりの先生のために行動することが、自分の心にプラスになりますし、よい職員室をつくっていきます。

よい職員室がつくれていくと、自分が困っていると助けてくれる人が増えます。助けてくれる人がたくさんいると、何かあってもみんなが「帰っていいよ」と言ってくれます。

私は今、すでに最高の職員に囲まれています。これは私のおかげではなく、私が来る前から最高の職員室だったのですが、これを継続するためにも、職員のみなさまのためにできることにアンテナを張っておくことが大切です。

まずできることは、**「電話に出る」**ことです。

正直、忙しい時、電話はとても、面倒くさいものです。教職員は、職員室にいないことも多いです。その人を探すところから始め、やっぱりいなかったから話を聞き、伝言メモをつくることも多いです。朝の休みの連絡は、メモをつくった後、朝のうちに担任の先生に伝えなくてはなりません。一つの電話で10分以上時間がとられることもあります。

でも、それでも電話をとることは大切なことです。だって、その大変な仕事をあなたがやってくれるということは、間違いなく職員のためになっているからです。

私は、朝が早いです。しかし、行ってから1時間半あっても、1時間半でここまでやるという仕事の設定量は、できるだけ少なくしています。30分は時間を余らせて、仕事をしながらも、アンテナは「職員のみんな」にしておく。

すると、大切な話も聞こえてきますし、うまくいっていないところもわかってきます。先回りしてやっておけば、みんなが助かります。もちろん、言われてもいないのに勝手に行うことはおせっかいなので、注意が必要です。

それに比べて、「電話をとる」という行為は、全くおせっかいになりません。（電話マスターみたいな人が、電話をとることに命をかけていて、その人の仕事を強引にとってしまうのはいけませんが）積極的にやることで、自分の貢献度をあげたいところです。

ここで大事なことは「認めてもらうことを期待しないこと」です。

「電話に出ているのに、なんで誰も気づいてくれないのだろう」

ということは、変な話です。認めてもらいたいからやるなら、やらない方がましです。

電話に出ているのは、自分のためです。**人のために行動できた分だけ、自分が幸せになれます。**だからするのです。**決して人にほめてもらいたいから行っているのではありません。**


それと、「年上年下関係なく、質問する」ということも大切です。

教師という仕事柄、教えることが好きな人が多いです。自分もそうだと思います。だからこそ、頼られることを待っているのではなく、**たくさん頼ってたくさん感謝することが**大切です。

自分がわかっているようなことでも、たくさん聞きます。そして「ありがとうございます」と伝えます。その行動一つでも、職員のみなさまのためになるのです。

自分のできるワンアクションから、よい学校をつくる。初任者でもベテランでも始められる小さな一歩があるはずです。

ルール 43 一日一善を記録する

先生方のために何かやるということも一日一善ですが、誰に対しても一善であることは変わりありません。みなさんは一日一善できているでしょうか?

毎日、自分の幸せだったこと、自分が人にできたことを記録していると、自分にとって無意識にしたことも、相手にとってはよいことと捉えられることもたくさんあることに気づきます。

これらは、1日を振り返らないとなかなか気づかないことです。自分にとってかなり当たり前なので、意識しないと流れてしまうのです。

例えば、これを書いている今日やったよいことを考えてみましょう。

・朝、息子と一緒に勉強した。
・朝一番に職場に行って、鍵をあけた。

・お湯を沸かして、いろいろな方にお茶を入れた。
・子どもたちの目を見て、「おはよう」と言った。
・いつも課題のあるAちゃんのよいところを三つ言った。
・学級通信でたくさん褒めた。
・放課後、職場の先生にパソコンの使い方を教えた。
・電話を率先してとった。
・帰る時に、隣の先生にシュークリームを置いて行った。
・予定通り早く帰って、子どもと一緒に走った。
・皿洗いをした。
・洗濯物を干した。
・読み聞かせをした。
・一緒に寝た後、起きて今原稿を書いている。

細かいことでも、毎日メモをします。これはよいことと呼ぶにはおこがましいと思うことも書きます（右にもあります）。できたら、普段行っていない、小さなよかったことを書けるようにアンテナを張りましょう。

これを積み重ねることで最近は、今まで書いていないようなよいことをしたいと思うようになりました。

誰か何か落とさないかな。誰か席を譲りたくなるような人が前に来ないかな。誰か道端で困っていないかな。

最近毎日思っていることです。そうすると、周りにアンテナを張ることができます。正直、人のために一善をしているのではありません。自分のために、みんなに一善をしているのです。それが世の中のためになっているなら言うことなしです。

一日一善していることは、時短とは正反対かもしれません。人の助けをしている間に自分の仕事を進めていれば、もっと早く帰ることができるかもしれません。

しかし、そうすることで早く帰ることができても、それは本当に豊かな人生を過ごしているると言えるのでしょうか。

人間は、一人では生きていけません。周りの人のために行動することで、なにより自分の心が癒やされていきます。**人の不幸の上に成り立っている幸せは本当の幸せではない。**

ただ早く帰ろうとすることは、職員室の会話をなくします。自分に様々な情報が入らなくなります。結局自分だけ知らないことへの苛立ちなどから、自分はなんて悪い職場にいるんだと、勝手に錯覚します。これは、完全に負のスパイラルです。

「鏡の法則」という法則があります。**人はよいことをすればよいことが起き、悪いことをすると悪いことが起きる**というものです。本当にそうだなと毎日実感しています。

悪いことをした後、何も悪いことがおきないとします。誰にも気づかれていない。何も起きない。でも、**あなた自身はその悪いことをしたことを知っているのです。**そのあなたは、幸せな気持ちになれないのは言うまでもありません。

職場の愚痴にイライラしないこともとても重要です。人間は、人が悪口を言っている時は同意しやすいものです。でも、そこで断ち切ることと、あなたはよいところを見ることがとても重要です。自分からプラスの流れをつくるのです。

一日一善。ぜひ記録をしてみてください。すると、もっともっとよいことをしたくなり、何よりあなた自身が幸せな気持ちになれます。すると、たくさんの仲間があなたの周りに集まってくることでしょう。

ルール 44 まずは寝る

時短とは一見関係なさそうな「寝る」こと。寝てばっかりでは仕事も進まないし、効率が悪い。その通りですが、本当に無駄なことなのでしょうか？

ここまで読んでいただいたみなさんなら、なんとなくわかっていると思いますが、近道は本当の近道とは限りません。頑張って近道を選んだ場合、そこで消費したものが多いために、1ヶ月を通して、または1年を通して考えると近道ではなかったということはよくあることです。

どうしてもやる気がでない。疲れている。

そんな時は、まずは寝ましょう！

89ページに私のスケジュールを書きましたが、私は睡眠時間があまり多くありません。これが標準なので、正直苦痛ではありません。しかし、休日などには昼寝をすることもあります。休日も朝はいつも通り早いですが、8時頃から1時間寝ることもあります。

睡眠が体にいいことは、私が言うまでもありません。

しかし、冒頭にも書いたとおり、ただ寝ていては仕事が前に進みません。

そこで大事なことが、スケジュール管理となります。

つまり、休む時とやる時のメリハリをつけるのです。

私のスケジュールには詳しく書ききれませんでしたが、あの中でも休憩の時間を明確にとっています。私は自分のために仕事する時間を1時間半×3とるように心がけています。

正直、仕事と限りません。ラクロスのことや原稿のことなど、すべて含めて1日4時間半。もちろん、4時間半すべて集中できるはずがありません。

そのために10分集中法（144ページ）などをしています。10分集中して、10分休む。つまり、1時間半の仕事時間の中でも半分近くは休んでいると言っても過言ではありません。

実は、仕事というものはそういうものなのです。みなさん毎日遅くまで仕事されているかもしれませんが、その遅くまで仕事している中で、本当に集中して仕事をしている時間は数時間もないはずです。

隣の先生と話している。

いただいたチョコレートを食べている。

ぼーっとしている。

もちろん、どれも大切な時間です。だから、必要なのです。特に、隣の先生との話は事務仕事時間を削っても積極的に行う必要があります。しかし、こればかりでは早く帰れません。

実は「やらなければいけないこと」「やらなければ早く帰れないこと」の多くは、1日数十分集中すれば終わることばかりです。だから、数十分だけ集中できる環境を整えればよいのです。

となると、やることに追われて睡眠時間がとれないことはありません。睡眠時間を削ってまで行うことは、自分の状態を下げることにつながります。

自分の状態が下がれば、やる気がなくなります。疲れています。

そんな時に、事務仕事も、子どもたちへの接し方もうまくいくはずがありません。

無理に作った笑顔は、子どもたちはすぐに見破ります。

素でいいのです。しかし、心からの笑顔の時間を多くする必要があります。そのために、あなたがあなたの体を労ることが大切なのです。

私が体を労るために行っていることを紹介します。

①マッサージに行く。
②食べるときと食べないときのメリハリをつける。
③趣味のランニングをする。
④時間があるときは積極的に二度寝をする。

もちろん、毎日できることではありません。だから、自分にとってのご褒美となります。「シュークリームを買う」なんて書きましたが、それも自分から自分へのご褒美です。

私たちは、「自分」というロボットを使わせてもらっています。なぜ、このロボットを使わせてもらえたかは神様のみが知るのかもしれませんが、もっと自分を客観的に見ましょう。

最近、「自分」というロボットを使いすぎではありませんか？　夜遅くまで仕事していませんか？　「自分」というロボットに、あなたが少し休みやご褒美をあげてくださいね。

ルール45 何もしないことを楽しむ

「自分にご褒美をあげましょう」と書いた次は、何もしないということを楽しむ心をもつという話です。

みなさんにとっては、当たり前でしょうか?

私は実は今でも最も苦手なことです。

私は、常に何かをしていたくて仕方がない人間です。今日も早朝からパソコンとにらめっこしていますが、朝の時間を有意義に使ったという気持ちであふれていて気持ちがいいです。

しかし、「自分」というロボットが疲弊していることは変わりありません。

早朝からパソコンに向かわないで、寝ていればよかったのです。その方が、「自分」というロボットが喜んだに違いありません。

よく妻に、

「何もしないことは、無駄じゃない」

と、言われます。全くその通りです。

しかし、休日1日ゴロゴロしていると、

「あー、今日1日を無駄にしてしまった」

と、思ってしまいがちでした。最近ようやく変わってきました。自分のことを俯瞰的に見ることができるようになってからでしょうか。

自分は、自分の意思とは別の自分という人間です。

うーん、伝わりますかね。

ちょっと宗教っぽい感じがしますが、何の宗教でもありません。

寝ることと一緒ですが、自分が効率よく動くためには、「意志の力」でやりなさいということには限界があるのです。効率よく動くためには、自分というロボットを、

①休ませてあげる
②ご褒美をあげる
③何もしない時間をつくる
④仕事を仕事と思わない習慣をつくる

ということが大切だと思います。

何もしないことを強制的にやります。これは、寝ることとは違います。するると、今まで見えてこなかったことが思い浮かびます。

「あ、あれはやってなかったな。やることリストに入れておこう」

「来週、家族でどこいこうかな」

「この1ヶ月、土日も働き詰めだな。休みの日を手帳に記録しておこう」

「あ。あんなことやるとおもしろい！　学年の先生に話してみよう」


何か考えなくてはいけない時には気づかなかったこと、思いつかなかったことがどんどん浮かんできます。何もしないというゆとりが、いろいろなことを考えさせてくれるのです。正確には、何もしていないようで何かしているという一番理想に近い状態なのだと思います。

何もしていないようで何かしているから、体は疲弊してしまうのではないかと思われがちですが、そうではありません。

やらされて考えていることと、やる気があって考えていることでは大きく違うからです。

私は、東京学芸大学で12年間ラクロスを教えてきました。部員の人数は100名を超え、部として行えることもたくさん増えてきました。

今は、教員になる多くの女子大生と、社会をつなげる活動をしています。社会と女子大生をつなげていくことで、社会貢献にもなり、本人たちのプラスにもしたいと日々思っています。

前回は、森を守る活動を行いました。話を聞き、実際に森に入ってみる。過疎化している林業を、女子大生が伝えていくことで社会に認知され、経済が回っていく。

これも、「何もしない」状態から生み出されたアイデアです。

そんなことをきっかけに、すでに会社化している女子ラクロス部では、さまざまな課で、社会に役立つ活動を考えています。

人間の可能性は無限大です。あなたの可能性も無限大です。

自分を休めることで、あなたの脳がすごいことを思いつくかもしれません。仕事のことを忘れて、無になる体験はきっと何かを生み出してくれると思います。

ルール46 趣味がある人になる

私の趣味と言えば、ラクロスを教えることだと思います。

そもそも、趣味が高じて大学生から今までずーっとラクロスに携わってきています。

小学生ラクロスクラブを作り、関東三連覇した時もありました。

大学は4部から1部にあがり、現在では国立大学初の日本一を目指しています。

こうやって文字を書くことも趣味です。多少お金をもらっているから、これは仕事なのでしょうか。

ここが大事です。

お金をもらっていたら、仕事。もらっていなかったら、趣味。

本当にそうなのでしょうか？？


私は、趣味のように仕事をしています。

子どもたちと、一緒に勉強している時は、大人一人だけ。もちろん教科書や学習指導要領には従いますが、好きなように授業を教えられます。

給食中も仕事です。あんなにおいしい昼ご飯を食べながら、仕事と言えるのです。

もちろん保護者クレームや面倒な仕事もありますが、それはごくわずか。それだけを仕事といえるのであれば、私は週1日分も働いていないと思います。

もちろん責任があります。しかし、趣味でも責任感をもって、ラクロスを教えています。責任の度合いは違うかもしれません。でも、責任だけで仕事と趣味を分けることは違うと思います。

つまり何度も書いていますが、趣味のように仕事をすることが大切だと思いますし、教師という仕事を、趣味のように楽しめたら最高だと思います。

また、趣味をもっている人は、仕事の中にも趣味のことを考えて仕事をしています。木曜日は習い事のテニスがあるから、木曜日は早く帰る。だから、水曜日遅くまで残って仕事をしようといった感じです。

こういう人は、仕事が終わった後にもテニスをしなくてはいけないから大変ですか？そんなことないですね。テニスをすることで、体はつかれるかもしれませんが、心はリフレッシュしているはずです。

仕事もメリハリができるので、趣味のない人よりも効率よく、そしてたくさんの仕事を行うことができる人が多いです。

やはり、趣味が多いということはとても大切ですね。

さあ、あなたの趣味はなんでしょう？

趣味と言えるものがあれば、それを公言して趣味と呼びましょう。

習い事がある人も趣味ですね。習字、ダンス、英語、ジム、ヨガ。どれも素晴らしい趣味です。

さて、こういった趣味がない人は、どうすればよいでしょう。

まずは、習い事を始めることが一つの方法です。少し興味があることで良いのです。まずは入ってみることが大切。そうすることで、時間が取られる分、さらに効率的に仕事をすることができるようになります。

お金を払っていることもポイントです。お金を払っているからこそ、休まずに続けようと思うのです。無料体験を続けるよりも、多少お金を払った方が長続きしますし、自分のためになります。

他には、趣味でなくても自分の生きがいを見つけることが大切です。子育て中の方は、子どものために早く帰ることを趣味の代わりとして考えればよいと思います。

お迎えのために早く帰るということも、時間を効率よく使うことにつながります。自分がいない時間に、職場のみなさんが何かしてくれていたら、それが感謝することにもつながります。

最後に、**今現在本当に趣味がないか疑うことです。**家で音楽を聞くこと、本を読むこと、どれも趣味と呼べる素晴らしいことです。そのために時間を必ず確保しようと心の底から思います。すると、仕事の時間に限りが出るので、その時間内でどうやって仕事をしようか考えるようになります。

私たちは、「今」を楽しむために生きています。今が辛抱だとしたら、その考えを少し変えてみましょう。趣味のある人は強い。趣味をもつことで、仕事の幅も出ます。

ルール47 家族との時間をつくる

家族との時間をとればとるほど、仕事を行う時間は少なくなります。一見時短には見えないことですが、ここまで読んでこられたみなさんなら、家族との時間をつくることこそ時短であることがわかってもらえるかと思います。

人のために生きる人は強い。それは、守るべき人がいるママさん先生からよく感じることです。どんなに忙しくても、「家族が一番」と軸のある人には、そうではない人にはない魅力があります。私も日々、そんな人になりたいと思っています。

私は、教師の仕事以外にも、様々な仕事にすぐイエスと言ってきました。様々な研究会を掛け持ちしていますし、監修者の考えに合わせて原稿を書いています。

ご縁は大事にします。しかし、それは好きだから行うものです。ご縁だけで辛抱しながら行う私的な研究会なんてありえません。

そして、そのために家族が犠牲になっている先生のご家庭をよく見ます。我が家がそうではないとは言い切れないので、私も取捨選択していこうと思っています。

また、家族と一緒にいることは、必ず仕事に役立ちます。

当たり前と言えば当たり前です。保護者は、家庭をもっていて、今子育ての真っ最中なのですから。

それに対して教師はどうでしょう？　結婚されていないか、子育ての終わった成人したお子さんのいる先生が多いのではないでしょうか？

間違っても、結婚しないことが悪いとは言っていません。生き方は人それぞれです。

でも、保護者の苦労をわかるのは、今子どもがいる教師の世代です。子どもが小さい頃が一番忙しい時期なのはよくわかります。だからこそ、自分で仕事を調整して、家族との時間をつくって欲しいと思います（自分で書いていて、頭が痛い…）。

また、小学生の子どもがいるから、大変さに初めて気づけるのも、この時期の特権です。

小学生の親になってみて分かったのですが、親は我が子が学校でしていることがほとんど分かりません。

教師である私ですら、なぜこんなに保護者がやらなければいけないことがあるんだと思います。逆に言えば、今までそんなことも考えずに保護者にたくさんのことをお願いしていたことになります。

親になって気づいたことは、他の先生にも共有すべきです。積極的に家族との時間を作り、親としての経験値を積むべきです。それが必ず仕事に生きます。

実際、小学生の親になってからは、宿題の出し方などを一気に変えました。（106ページ）子どもたちにわかりやすいことも大事ですが、学校のことがよく見えていない保護者にもわかる宿題にしました。保護者からの問い合わせやクレームもなくなり、早く帰ることにつながりました。

私は、何もしないことを楽しめない人間でした。家にいると、何か仕事をしたくなったり、時間を有効に使わなくてはいけないと強迫観念に襲われたりしていました。

家族と一緒にいることが、仕事に役立つことを知り、目からうろこが落ちた気分でした。そして何より、**未来でもなく、過去でもなく、「今」を楽しむことができるようになってきました。**

そもそも、なんで仕事をしているのでしょうか?

子どもの笑顔が見たいため。

教師という仕事が楽しいため。

退職後も、楽しい生活をするため。

いろいろな理由があると思いますが、**未来のために「今」を犠牲にしてはいけない**ということです。

忙しくても、子どもとの時間は確保します。正直、他のお父さんより、子どもと遊べていないかもしれません。でも、息子といる時間はとても楽しいもので、貴重な時間です。

子どもたちはすぐ大きくなります。親はいつか死んでしまいます。あなたが今することは、夜遅くまで仕事をして、土日自分のために休む生活ではないはずです。

家族を大切にしましょう。書いた自分が一番心に留めておきたいと思います。

ルール48 学級通信で信頼を獲得する

私が早く帰れている一番の秘訣は、学級通信を毎日出しているからです。

一番大事なことなのですが、こんな最後の方に書いているのは、人には向き不向きがあって、誰もができることではないからです。

これを読んだからって、毎日学級通信を出そうなんて思わなくてよいのです。

私はたぶん性格的に学級通信を書くことに向いています。だから、自分の特技を活かして、学級通信を出すことで、学級経営をしています。

毎日出すことで、保護者は無条件に担任を信頼してくれます。

きっと、書いていることに疑問があることもあると思いますが、学級通信の内容で何か言われたことは一度もありません。書いてメリットしかない学級通信ですが、なかなか書

けないという人も多いと思います。理由は、

・ただでさえ忙しいのに、そこにエネルギーを割けない

・3日坊主になってしまう

・どう書いたらいいか分からない

などがあるでしょうか。私も以前はそうでした。

この問題を解決するためにたどり着いた方法は、「とにかく簡単に継続的に出す」ということです。

初任者のときは、B4の学級通信を書いていました。出そうと思っても、なかなか最後まで書けず、書き終わった頃には、タイムリーな話ではなくなってしまって、出さないことがたくさんありました。頑張って書いたのに出さないということが続いたため、やる気も落ちてきて、結局あまり書けませんでした。

途中で書けなくてA4に変えたこともいけませんでした。初任者の言い訳ですが、いろんなことがブレていたなと反省しています。

ポイントは、とにかく簡単なものを毎日出すこと。

まず、用紙はA4。テンプレートは常に決まっています。

必ず写真を入れます。担任の拙い文章よりも、写真の方がたくさんの情報を保護者の方に理解してもらうことができます。

下半分には作文を載せます。子どもの作文から、保護者の方に学校での様子を理解してもらおうと思っています。結局は私が作文を選んでいるので、担任からの情報開示には変わりがないのですが、一方的な情報開示ではなく、子どもからも情報開示しているように見せています。

私の学級経営は、もう学級通信がないと成り立ちません。正直、「どんなに忙しくても学級通信だけは出させてください」と管理職にお願いしています。そのために、他の仕事を早くやっていると言っても、過言ではありません。

なぜ、そんなに出したいかと言うと、私の学級通信は、**「未来日記」になっている**からです。

学級通信とはいえども、保護者に見てもらうものには管理職の許可が必要です。そのため、今日書いたから明日出せるとは限りません。

しかし、学級通信は生き物なので、**旬を逃すと効果は半減します。**行事があれば、その行事の内容は遅くともその2日後には出したいのです。

そのため、私はその行事が終わる前から行事が終わった感じで学級通信を書きます。つまり、**行事が終わったことを想像しながら書くのです。**

「みんなが協力して、素早く行っていました」と終わる前から書いておきます。学級通信をそのまま出したいので、そうなるように指導をしていきます。

これは、子どもたちにとっても教師にとってもよいことです。指導の意図を明確にしながら指導することができます。ほめるポイントや叱るポイントも明確にできます。

未来日記通りになれば、教師が理想とする学級集団ができます。難しそうに見えますが、学級通信はそれだけの力があるのです。なぜなら、教師の一方的なメッセージではなく、保護者がそれを受け取り、保護者から子どもに話をしてくれるようになるからです。

まさに、「学校、子ども、保護者」が連携した学級経営となります。これを広げて、学年だよりや学校だよりを同じようにしていけば、三者が連携した学年経営、学校経営ができるのです。

二つほど学級通信を載せさせていただきます。気軽に、負担なく、保護者や子どものためというよりは自分のために学級通信を書くことが、長続きする秘訣だと思います。それが子どもや保護者からの信頼を得ることにつながり、結局は早く帰ることにつながります。

4年2組　学級通信

ひまわり

～明るく　楽しく　元気よく～

4年２組　学級通信
担任　庄子　寛之
NO.119
２月26日(金)

幸せは自分の心が決める

水曜日の道徳の時間の後に、どうやったら楽しくなれるのかについて考えるために、「いいねゲーム」というゲームをしました。ルールは簡単で、どんなことでも笑顔で相手の目をみて、手を伸ばして「いいね！」と言うというゲームです。

今回のお題は「もしも魔法が使えたら」でした。やり始めると子供たちはノリノリにやり続けます。恥ずかしがる子もいるかと思いましたが、みんな楽しそうに行っていました。（保護者会の時に動画をお見せします。）１回やると、「楽しかった！」「もっとやろう。」という声がたくさん聞こえました。

世の中にはいいことと嫌なことがたくさんあります。しかし、どんな現象も自分の気持ち次第でいいことにもわるいことにもなります。よいことと捉えられるかどうかは、自分の気持ちが決めるのだと、私は考えます。こんな素敵な笑顔で聞いてくれる仲間たちがいれば、どんな嫌なことも嫌なことではなくなるのではないかと思うような素敵な笑顔でした。私もたくさん元気をもらいました。

中休みも校庭から「いいね！」の声が聞こえてきました。４年２組から、たくさんの「いいね！」を発信してほしいと思います。

学級通信１

に じ

～みんなは一人のために 一人はみんなのために～

2年1組 学級通信
担任 庄子 寛之
NO.190
3月8日(木)

学び続けるとは

先日は、保護者会のご参加ありがとうございました。前半では、皆さんと一緒に２０年後の未来について考えていきました。その中、20 年前（1998 年）について振り返ってみました。

20 年前には、想像も出来なかった言葉が、現在では当たり前になっています。20 年後は予想もできませんが、予想もできないことが当たり前になるということだけは間違いなく言えます。20 年後、子供たちは 28 歳。働き始めて数年というところでしょうか。そんな中、大事なことは、当たり前を常に疑い続け、学び続けることだと思っています。

様々な学習を、様々な観点から考えました。低学年にそこまで考えさせる必要はないのかもしれません。もっと素直に快体験を積み重ねたり、正しいことを正しいと教えたりすることも必要なのかもしれません。しかし、間違いなく 1 組の子たちは物事を深く考えられるようになりました。学習が終わった後も、さらに考えたいという意欲も見られます。この気持ちを大切に、学ぶことの楽しさを味わい続けていってほしいと思います。

お話大好き 保護者の皆様から～フレデリック～

・正解のないむずかしい話を、真剣にクラスで話し合ったことが分かりました。2年生、結構深く考えているんですね。一緒に話し合えて楽しかったです。
・すごく話し合いました。とても考えさせられました。いろいろな大切なこと、人と接する時に見えない何かを見ようとする気持ち、大人も勉強になるなと思います。
・みんながそれぞれに自分の考えをもち、それを伝えようとする力をもっていることに感動しました。2－1には、多様性とそれを暖かく受け止める寛容な心があり、すばらしいです。
・みんなでたくさん考えたのですね。8年間で少しずつその子なりの価値観がつくられてきているのだなと思うと、その周りにいる大人の一人として、ちょっと考えさせられるところがありました。
・普段授業でやった内容はあまり自分から話しませんが、「フレデリック」では自分からいろいろ話し、スイミーに続いてレオレオニさんがかいた本をもっと読んでみたいと興味をもったようです。

学級通信2

ルール 49 教育書を読む

この変化の激しい時代に子どもたちにつけさせたい力とは何でしょう。

知識の詰め込みは、スマートフォンがやってくれます。

これからは、スマートフォンなどなくても、知識を引き出す方法が出てくるかもしれません。

ドラゴンボールのスカウターのようなものが、目の前に答えを導き出してくれるかもしれません。頭で想像したことが、そのまま文字にできる時代がくるかもしれません。イヤホンをいれておけば、音声で答えを教えてくれるかもしれません。

公教育で教えなくてはいけないことは何なのか。書きながらも、毎日毎日自問自答しています。

その答えを出すために、私たちが学ぶ必要があります。しかし、日々の忙しさにかまけて、学ぶ機会を失っているのも事実です。

教育書は、３月から４月にかけて最も売れると言われています。学年が替わり、クラスも替わるので、新しい気持ちで挑戦する気持ちからかもしれません。

しかし、９月から12月は閑散期。教育書はほとんど売れないと言われています。つまり、その時期に本を読む人も少なくなるということが言えます。

忙しさにかまけて、教師の学びを少なくすることは、自分にとっても、子どもたちにとってもよいことではありません。だから、手当たり次第、教育書を読む必要があります。

教育書を読むことには、様々なメリットがあります。

・自分の学びが深まり、視野が広がる。
・他の先生に紹介することができる。
・子どもが楽しい授業を受けることができる。

でも、みなさんそんなことはわかっていますよね。この本を取ってくれた方は、そんなことはわかっている。けれど、時間がなくてどうすればよいかわからないから、この本をとってくれた人もたくさんいるのでしょう。

忙しいのは、誰もが一緒。本を読むと決めてしまいます。

決めたことを習慣になるまで続ける。およそ三週間続くと、習慣化すると言われています。私も、三週間を目安に「意志の力」を上手に使いながら習慣化させています。

本を読むのに一番いい時間は、通勤の電車の中でしょう。携帯電話を見るのをやめて、ぜひ本を読むことを試みてください。

しかし、首都圏でない方は、車通勤が当たり前かもしれません。

そんな方は、布団の中をおすすめします。寝る前か朝起きたあと。

私はどちらも10分程度読んでいます。逆に言うと、それ以外ほとんど読んでいません。それでも、1ヶ月で数冊は読むことができます。

本を読んだら、遠慮せず線を引いたり、折り目をつけたりしてください。

そして、その本を隣の若手の先生に渡してみてください。

折り目や線が引いてあったほうが、あなたの響いたところが分かり、もらった同僚はうれしいはずです。

教育書以外の本を読むことも大切です。

歴史や政治の背景があって、今日の教育があります。実は、当たり前のことであるのに、教師は現場で教壇に立ってから、一般教養を勉強する習慣がありません。研修でも習うことは、教科のことや生活指導のことばかりで、教育の歴史や教育基本法について学ぶことは、ゼロに等しいと思います。

未来の教育も、政治的背景が影響してくることは間違いありません。教師が知らなくて、子どもたちに正しい知識を教えることはできるのでしょうか？

無意識のうちに、国の言うことを伝える伝導者になってはいけません。常に政治の動きに、敏感でなくてはいけないと思います。

現在の教育の疑問点は、教育関係者ではない人の本から学ぶことができます。もちろん、偏った考えもたくさんあります。けれど、それが偏っているかどうかは読んで学ばないと分からないことです。

新聞も大切です。タイムリーな情報がわかります。

現在は携帯電話があればなんでもわかる時代ですが、だからこそ情報の正しさを見極める力も必要となります。子どもに教えるのであれば、まず教師が学ぶことは当然です。

忙しい中、どれもいきなり行うことはできません。まずは、読み始めてみることから始めましょう。まず始めてみることが、教師自身が学び続ける習慣をつける第一歩になるはずです。

ルール50 効率化することが本当にいいのか疑う

ここまで読み進めてきてくれたみなさまに本当に感謝しながらも、最後は、当たり前について疑っていきたいと思います。

ここまで、どうやったら早く帰れるかについて、考えてきました。

でも、本当に早く帰ることがよいことなのでしょうか？

教師の仕事は、教えるだけではありません。

子どもたちの悩みに寄り添うことや、一緒に遊ぶこと、給食を食べることなど、やるべきことは、多種多様です。

教師が早く帰ることだけを優先して、本当によい教育を行うことができるのでしょうか？　私はできないと思います。

教師が子どもたちのことを考え、行動することが、子どもたちのためになります。

つまり、無駄の中にこそ、子どものためになることがあるのではないでしょうか？

夜遅くまで残っている先生がいます。

夜遅くまで残りたくないのに、仕事が終わらなくて残っているのであれば、本書はおすすめです。本書を読んで、自分ができそうなことから始め、少しでも早く帰ってほしいと思います。

できた時間で、自分にとっての楽しいことをしたり、体を休めたりしてほしいと思います。それが、自分の視野を広げることにつながり、後々は子どもたちのためになることだからです。

毎日遅くてイライラしていれば、それは子どもに伝わります。

真の意味での良い教育を行うことはできません。

ただし。

楽しくて夜遅くまで残っている人はどうでしょう？

周りのおせっかいで早く帰る必要があるのでしょうか？

途中でも散々書きましたが、**そもそも「仕事」とはなんでしょう？**

「仕事＝嫌なもの」ではないことは、多くの先生方は知っているはずです。「仕事＝生きがい」である人は、夜遅くまで仕事をしていても楽しいのです。

そういう人から、早く帰らせることで仕事を取り上げてしまうことは、生きがいを取り上げてしまうことと一緒なのです。

現代では、「働き方改革」や「ワークライフバランス」と言った声がよく聞かれます。日本人は、夜遅くまで働くことが当たり前とされる文化がありました。

これが、少しずつなくなっていることは、社会にとってよいことではあると思います。

しかし現場の先生方は、多忙になる一方で一切感じていないことと思います。

英語も教科になり、道徳では評価もする。「働き方改革」と言われている昨今であるにも関わらず、やることだけはどんどん増えていきます。

授業時間が増えることに対して、文部科学省は何も配慮をしていません。

教師を増やすか、教師の給料を増やすかしなくては、教師たちにも限界が来ていることは、言うまでもありません。それは、正に休職率の増加からも顕著に分かります。

ですが、**働くこと自体が快である人から、仕事を取り上げることとは違うことなのです。**

ここまで様々なルールを学んできたみなさまは、すでに効率的に動くことができるはずです。それでも、効率的に動かないということは、それはそれでよいと思います。

「動けない」のではなく、「動かない」のですから。

私は、職員室で背中にアンテナを張りながら、夜遅くまで仕事をする日が年に数回あります。

それは、意図的に入れています。なぜなら、周りの先生のために貢献することが、学校のためになり、自分のためになるからです。

早く帰ることを続けることで、見えないことがたくさんあります。

自分は効率的に終わっているけれど、早く帰れない人の努力もあって、学校は成り立っています。

そのことへの気づきと感謝、そして助けをすることがとても大切なことだと思います。

この本を読んだからと言って、すぐに早く帰れるわけではありませんが、みんなが早く帰ろうとして、全員が個人主義に流れることは、私の本意ではありません。

効率的に行うことが、すべて正しいわけではありません。

働いている今、休んでいる今を大切にしながら、働けたらと思います。

あとがき

世の中でも、教師の働き方について、扱われるようになりました。

文部科学省、教員勤務実態調査（平成28年度）では、教諭の1週間の学校内勤務時間では、60時間から65時間が最も多く、過労死ラインを超える結果となりました。

一日の残業時間が、平均４時間以上ということです。

その残業のほとんどが、子どもたちとの関わりの薄い仕事なのです。

つまり。

教師は、仕事が多いから、つらいのではないのです。

やりがいのある仕事に時間を割けないからつらいのです。

教師はまじめです。

子どもたちのために、平気で休憩時間を削って勉強を教えます。

休みの日に来て、丸付けをします。

休みだろうが、寝る前だろうが、子どもたちのことを考えています。

子どもたちのためなら、時間を惜しまず働きます。

その結果、子どもたちに勉強が分かった喜びが生まれたり、笑顔になって学校に行きたくなったりすれば、その苦労は消えていくのです。

しかし、子どものためにやりたいことをやっていないのに、遅くなる。一番大切だと思っている、家族との時間も確保できないから、何もかもうまくいかない。

そんな現状が、全国の先生方の中で起きてしまっているのではないでしょうか。

時代は変わります。この時代にあった教育を、未来の子どもたちに提供しなくてはならない。そのために、教師は学ぶ必要があります。

だからこそ、自分の時間をつくって、学ぶことが大切です。

現在は、変化の激しい時代と言われています。

今までの教育では、これからの社会には適応できないとまで言われています。

今回の新学習指導要領では、「主体的・対話的で深い学び」という言葉が入りました。

まさしく時代の変化を意識した文言と言えましょう。

いつの時代も、時代に応じた教育が行われてきました。経済成長著しかった日本では、読み書きができて、知識をたくさんもっている人が優れた人間と言われました。

しかし、現在は多くの大人がスマートフォンを持っています。わからないことは、すぐその場で調べることができます。

そんな時代だからこそ、教えるべきことは知識ではなく、**知識をどう使うか**どうかです。しかし、現在の教育は何十年も前から同じことを教えています。

教師が話し、子どもたちが黒板に書かれていることをノートにとる一斉授業。習い事等で、すでに習ったことを教えられることによる、児童のやる気の停滞。学ぶことは辛抱で、将来のためになると信じ切っている子どもたちと大人。大学を卒業した後、公教育で学んだ学力は、一切意味のないものとなってしまっています。

教師も、子どもの頃から学んできたスタイルで教えてしまいがちです。そこを疑うことから始めるのはいかがでしょうか?

教師が教えることをやめる。

教師が事前に読んだとき、分からないこと、知らないと思ったこと、調べてみたいと思ったことを子どもたちと一緒に勉強する。授業がそんな場であったらどうでしょう？

教師も知らないことを知ろうとしているので、とても楽しいです。教師が楽しんでいると、子どもも楽しくなります。当然ですよね。

そんな授業ができていることをイメージしてください。

私たちが目指すことは、子どもたちが幸せな人生を過ごしていくことです。それは、もちろん「今」も大切ですが、将来がとても大切です。将来は、私たちには想像もつきません。しかし、想像もつかないからと言って、現在と同じ教育をしていていいとは到底思えません。時代に応じた新しい教育を行っていくべきです。

共に悩み、共に寄り添うことは、ロボットにはできません。どんなに優秀なロボットができても、人間より勝ることはないでしょう。共に悩み、共に学び、共に成長する。私はそんな教師でありたいと考えています。

世の中にはたくさんの教師の時短の本がありますが、現役教師が書いているものは少ないです。一つでも参考になる物があればうれしいです。このような本を書かせていただき、明治図書の皆様に感謝です。ありがとうございました。

【著者紹介】

庄子　寛之（しょうじ　ひろゆき）

東京都公立学校主任教諭。元女子ラクロス21歳以下日本代表監督。学研道徳教科書作成委員。みずほフィナンシャルグループ金融教育プロジェクトメンバー。文部科学省がん教育教材作成ワーキンググループ委員。東京学芸大学大学院学校心理専攻臨床心理コース修士免許取得中。教員以外にも様々な取り組みを行っている中、その時短術の一部を紹介。

【主な著書・分担執筆】

『教師のための叱らない技術』
『スタートダッシュ大成功！　小学校　学級開き大事典　低学年』
『小学校道徳　評価を位置付けた授業プラン＆通知表文例集』
『小学校新学習指導要領の展開　特別の教科　道徳編』
いずれも，明治図書
『「道徳科」評価の考え方・進め方』教育開発研究所
『小学校　考え、議論する道徳科授業の新展開』東洋館出版社
など

学級担任のための残業ゼロの仕事のルール

2018年９月初版第１刷刊 ©著　者　庄　子　寛　之
発行者　藤　原　光　政
発行所　明治図書出版株式会社
http://www.meijitosho.co.jp
（企画）茅野　現（校正）宮森由紀子
〒114-0023　東京都北区滝野川7-46-1
振替00160-5-151318　電話03(5907)6701
ご注文窓口　電話03(5907)6668

＊検印省略　組版所　株　式　会　社　カ　シ　ヨ

Printed in Japan　ISBN978-4-18-105724-4